L

TABLEAU
ALPHABÉTIQUE
DES HÔTELS
GARNIS ET PARTICULIERS DE PARIS,

Extrait de la première édition pour faire suite à la deuxième de PARIS *et sa* BANLIEUE.

———

Nota. A la suite des Hôtels, le g. signifie garni ; le p. particulier , le q. quartier et l'r. rue.

LOTTIN de Saint-Germain,
Imprimeur du ROI.

TABLEAU
DES HÔTELS-GARNIS
ET PARTICULIERS
DE PARIS.

Avec le prix qu'il en coûte en temps ordinaire et leur importance.

Contenant en outre les Palais et Colleges Royaux, les Hôtels des Ambassadeurs, Ministres et jours d'audience, des Administrations diverses, les Cercles, l'Interprétation générale, les Commissaires de Police, grands Bureaux de Poste aux Lettres, Théâtres, Spectacles et Curiosités de Paris.

PAR F.-V. GOBLET,

Premier Commis du Bureau des Hôtels-Garnis.

Prix 1 franc 50 centimes.

À PARIS, chez
Quai aux Fleurs, n.° 13.
DE ORAY, libraire, Palais-Royal, n.° 243.
MARTINET, libraire, rue du Coq S.-Hon., n.° 15.
À L'INTERPRÉTATION gén., rue Feydeau, n.° 22.
DÉSIRABODE, dentiste, Palais-Royal, n.° 154.
LE SUISSE de la Préfecture de Police, rue de Jérusalem, n.° 7.

1817.

Changemens survenus.

CHRIST (maison du), près la barrière de Monceau.

ESPÉRANCE (petit hôtel de l'), g. par dame *Paul*, rue de Bourgogne, n° 43, q. S.-Thomas-d'Aquin.

MASELLIÈRE (hôtel), p. rue de Courcelles, n° 11.

MINISTRE DES ÉTATS-UNIS-D'AMÉRIQUE (hôtel du), rue de l'Université, n° 21.

MUNITIONNAIRE GÉNÉRALE ou Boulagerie Militaire, rue du Cherche-Midi, n° 36.

NOM-DE-JÉSUS (hôtel du), g. par *Duval-Besse*, rue Mondétour, n° 35, q. Montorg.

SCIPION (maison de), place de ce nom, n° 2, q. S. Marcel. C'est le Boulangerie des Hôpitaux.

Petite Table Supplémentaire.

TABLEAU

DES HÔTELS-GARNIS

ET PARTICULIERS

DE PARIS.

A.

ABBATIALE (maison), rue de l'Abbaye, n° 1, q. de la Monnaie.

ABEILLES (des), g. par *Dupriet*, rue du Foin, n° 19, q. Sorbonne ; 40 chambres d'étudians.

ABONDANCE DES VINS (à l'), g. par *Mercier*, rue de Charonne, n° 1, q. du faubourg S.-Antoine ; 11 pièces, 18 lits d'ouvriers.

ADRIEN (du mont S.), en location, rue S.-Jacques, n° 264, q. de l'Observatoire.

AFFAIRES ÉTRANGÈRES, (du ministère des), rue du Bac, n° 84, q. S.-Thomas d'Aquin ; on demande les audiences par écrit.

1

AFFAIRES ÉTRANGÈRES (nouvel hôtel des),
quai d'Orsay, en construction.

AGA (d'), *voir* AVALLON.

AGEN (d'), g. par la veuve *Bruny*, rue
S.-Jean-de-Beauvais, n° 17, q. S.-Jac-
ques ; 6 numéros ou chambres d'étudians.

AGENCE (de l'), p. rue de la Chaussée-
d'Antin.

AGUESSEAU (d') p. rue S.-Dominique, faubourg S.-Germain.

AIGLE (de l') en location, rue de la Tonnellerie, n° 93, *voir aussi* ECUSSON.

AIGLE-D'OR (à l'), g. par *Dujan*, rue du
Pont-aux-Choux, n° 8, q. du Marais ;
chambres d'ébénistes.

AIGLE-ROYAL (de l'), g. par *Armandot*,
marché Beauveau, n° 6, q. des Quinze-
Vingts ; chambres de voituriers.

AIGUILLON (d'), p. rue de l'Université.

AIGUILLY (d'), dit Boucherat, p. rue S.-
Louis, au Marais.

ALAMBIC (à l'), g. dit Café des Bâtimens,
par *Vertier*, place de l'Hôtel-de-Ville,
n° 15, q. des Arcis, 8 lits de maçons.

ALBERT (des bains d'), p. rue S.-Domini-
que S.-Germain, n° 72.

ALBRET (d'), p. rue des Francs-Bourgeois.

ALBUFÉRA (du duc d'), p. rue de la Ville-
l'Evêque, n° 18, q. du Roule.

ALIGRE (d'), p. rue de l'Université.

ALIGRE (d'), p. rue de Bondy.

ALIGRE (d') ou de Schomberg, p. rues S.-Honoré, n° 123, et Bailleul, n° 12.

ALIGRE (d'), g. par veuve *Bignet*, née *Bonjour*, rue d'Orléans S.-Honoré, n° 13, q. de la Banque de France, 23 chambres de rouliers.

ALLEMAGNE (d'), g. par *Blondelot*, rue S.-Nicolas d'Antin, n° 15, q. de la place Vendôme, 20 chambres, 40 lits d'ébénistes et selliers.

ALLEMAGNE (d'), g. par *Raulard*, rue du Faubourg - Montmartre, n° 70, q. du Faubourg-Montmartre, 43 lits d'employés et ouvriers à 8 et 24 fr. par mois.

ALLEMAGNE (d'), g. par mademoiselle *Fleurquin*, rue des Vieux-Augustins, n° 52, q. du Mail, 15 lits de rentiers et ouvriers.

ALPES (des hautes), g. par *Gallois*, rue de Richelieu, n° 12, q. du Palais-Royal, 10 appartemens, 12 chambres et 26 lits de négocians et propriétaires.

ALSACE (d'), g. par veuve *Véchard*, rue S.te-Barbe, n° 9, q. Bonne-Nouvelle, 7 lits d'employés.

AMAND (S.), g. par *Maumée*, rue du Bouloy, q. de la Banque de France, ayant 12 pièces d'employés et étudians à 6 et 18 fr. par mois.

AMBASSADEURS DE TOUTES LES PUIS-
SANCES (des), *voir* Amérique, Angleterre, Autriche, Bade, Bavière, Danne-
marck, Espagne, Pays-Bas, Sardaigne,
Portugal, Prusse, Russie, Turc, etc.

AMBASSADEURS (des), g. par *Parent*, rue
S.te-Anne, n° 75, q. Feydeau, 15 numéros d'officiers et négocians.

AMBASSADEURS (des), g. par *Brissau*,
rue Notre-Dame-des-Victoires, n° 11,
q. du Mail ; 33 numéros d'étrangers de
marque et négocians, de 24 à 300 fr. par
mois.

AMBASSADEURS (des), g. par *Asseline*,
rue de Cléry, n° 12, q. Montmartre,
28 numéros de négocians et rentiers, de
36 à 300 fr. par mois.

AMBASSADEURS (des), p. rue Neuve-des-
Capucines, n° 10, q. place Vendôme.

AMBASSADEURS (des), p. rue

AMBROISE (S.), g. par veuve *Buot*, rue
du Four, n° 8, q. S.-Jacques, 12 numéros d'étudians.

AMELOT (maison), p. rue du Faubourg-
S.-Honoré, n° 114, q. du Roule.

AMÉRICAINS (des), p. rue S.-Honoré,
n° 147, q. S.-Honoré ; au magasin de
Provence et de commestibles.

AMÉRICAINS (des) g. *voir* RICHELIEU.

AMÉRICAINS (des), g. rue

AMÉRIQUE (de l'ambassadeur des Etats-Unis d'), p. rue des Trois-Frères, n° 13, le Consul, rue du Petit-Vaugirard, n° 10, et de Sèvres, n° 85.

AMÉRIQUE (de l'), g. par *Pernot*, rue Quincampoix, n° 25, q. des Lombards, 30 numéros de marchands.

AMIRAL (du grand), g. par *Lebaudy*, rue Grange-Batelière, n° 22, q. Chaussée-d'Antin, 18 numéros de propriétaires.

AMIRAUTÉ (de l'), g. par *Gorre*, rue Neuve S.-Augustin, n° 47, q. place Vendôme, 20 numéros d'ambassadeurs et généraux.

AMIS (aux deux), g. par *Fillions*, rue et q. S.-Avoie, n° 13, 7 numéros d'ouvriers.

AMIS (aux deux), g. par *Marmignat*, rue de la Tournelle, n° 14, q. S.-Jacques, 12 lits d'Auvergnats.

AMIS-RÉUNIS (aux), g. par *Duquesnoy*, rue Marie-Stuard, n° 19, q. Montorgueil; 18 lits de cordonniers, de 5 à 12 fr. par mois.

ANDRÉOSSY (d'), p. rue de l'Université, n° 21.

ANDRESY (d'), g. par *Ami*, rue Mazarine, n° 66, q. de la Monnaie; chambres d'ouvriers.

ANGE DU MURIER (à l'), g. par *Lebourgeois*, quai des Ormes, n° 2, q. de l'Arsenal; chambres d'ouvriers.

Angers (d'), g. par *Anglaire*, rue d'Argenteuil, n° 37, q. du Palais-Royal; chambres de propriétaires.

Angers (d'), g. *voir* NORMANDIE.

Angivilliers (d'), p. rue de l'Oratoire, q. S.-Honoré.

Anglais (café), p. boulevard des Italiens.

Anglais, *voir* CERCLE-ANGLAIS.

Angleterre (d'), p. rue S.-Honoré, n° 247, maison de jeu, q. des Tuileries.

Angleterre (de l'ambassadeur d'), p. rue du Faubourg S.-Honoré, n° 39; lord Stewart.

Angleterre (d'), g. par *Balzac*, rue des Filles-S.-Thomas, n° 18, q. Feydeau; 40 numéros d'officiers, propriétaires et généraux.

Angleterre (d'), g. par *Rivail*, rue et q. du Mail, n° 10; 24 numéros d'employés et propriétaires, de 18 à 300 fr. par mois.

Angleterre (d'), g. par madame *Lamy*, rue Montmartre, n° 64, q. S.-Eustache; 48 numéros d'Anglais, négocians et propriétaires, de 10 à 150 fr. par mois.

Angleterre (du parlement d'), g. par *Baudry*, rue de Cléry, n° 26, q. Montmartre; 25 numéros d'étrangers et propriétaires.

Angleterre (d'), g. par *Germain*, rue du Bouloy, n° 16, q. de la Banque de

France; 17 numéros d'officiers et rentiers, de 8 à 20 fr. par mois.

ANGLETERRE (d'), g. par madame *Laisné*, rue S.-Sébastien, n° 48, q. Popincourt; chambres d'officiers et propriétaires.

ANGLETERRE (d'), g. par *Maillard*, vieille rue du Temple, n.° 144, q. du Marais, 15 numéros d'ouvriers et rentiers.

ANGLETERRE (d'), g. par *Contou*, rue du Colombier, n.°s 22 et 24, q. de la Monnaie, 28 numéros d'étrangers et propriétaires.

ANGLETERRE (d'), g.

ANGOULÊME (d'), p. *voir* LAMOIGNON.

ANGOULÊME (d'), g. par *Lubin*, rue de Buffaut, n.° 1 *bis*, q. du faubourg Montmartre, 14 lits d'ouvriers.

ANGOULÊME (d'), g. par *Gavot*, rue du Caire, n.° 4, q. de Bonne-Nouvelle, 9 lits d'ouvriers et bourgeois.

ANGOULÊME (d'), g. par *Le Couteulx*, rue d'Angoulême, n.° 5, q. du Temple, 16 lits d'officiers et autres.

ANGOULÊME (d'), g. par *Dupuis*, rue Phélippeaux, n.° 19, q. S.-Martin-des-Champs, 53 lits de marchands et ouvriers.

ANJOU (d'), g. par *Avée*, rue Montmartre, n.° 40, q. S.-Eustache, 17 numéros pour négocians et rentiers, à 6 et 24 fr. par mois.

ANJOU (d'), g. par *Mazet*, rue des Francs-Bourgeois, n.º 16, q. de la Sorbonne, 15 pièces d'étudians.

ANJOU (d'), g. par veuve *Devilliers*, rue Serpente, n.º 8, q. de l'École-de-Médecine, 20 numéros d'étudians.

ANNE (Sainte), g. par veuve *Person*, rue Sainte-Anne, n.º 10, q. du Palais-Royal, 17 numéros d'étrangers de marque, de 10 à 60 fr. par mois.

ANTIN (d'), p. rue d'Antin, q. de Feydeau.

ANTIN (de la Chaussée d'), g. par *Garnot*, rue de la Chaussée d'Antin, n.º 47, q. de la place Vendôme, chambres de négocians.

ANVERS (d'), g. *voir* FRANCFORT.

ANVERS (d'), g. par *Latour*, rue du Chantre, n.º 18, q. S.-Honoré, 3 lits d'ouvriers, à 6 fr. par mois.

ANVERS (d'), g. par *Sellier*, rue Froid-Manteau, n.º 8, q. S.-Honoré.

ANVERS (d') ou Pavillon de Flore, g. par *Vandevelde*, rue Sainte-Hyacinte, n.º 33, q. de la Sorbonne, 20 pièces d'étudians.

AQUITAINE (d'), g. par *Leveil*, rue de la Bibliothèque, n.º 21, q. S.-Honoré, 23 lits d'employés et ouvriers, de 4 à 24 fr. par mois.

ARBOIS (d'), g. par veuve *Bourdois*,

rue Traversière, n.º 32, q. du Palais-Royal, 16 pièces de négocians, de 25 à 100 fr. par mois.

ARBRE-VERT (à l'), g. par *Budischowski*, rue de l'Oursine, n.º 2, q. de l'Observatoire, 10 lits de corroyeurs et teinturiers.

ARC (de l'), g. par mademoiselle *Bourceret* et madame *Pupo*, rue Pagevin, n.º 7, q. du Mail, chambres de négocians et propriétaires.

ARCADE (de l'), p. rue S.-Lazare.

ARCHEVÊCHÉ (de l'), p. rue de l'Évêché, près Notre-Dame, q. de la Cité.

ARCHI-CHANCELIER (de l'), *voir* CENT-SUISSES.

ARCHI-TRÉSORIER (de l') ou Lebrun, *voir* NOAILLES, rue S.-Honoré, n.º 337.

ARCHIVES (pavillon des), p. rue de Monsieur.

AREMBERG (d'), p. quai Malaquais, n.º 17, q. de la Monnaie.

ARGENSON (d'), p. vieille rue du Temple, n.º 26, q. du marché S.-Jean.

ARGOUGE (d'), p. rue Bourgtibourg, q. du marché S.-Jean.

ARMAGNAC (d'), p. *voir* BRIONNE, rue de Rivoli, q. des Tuileries.

ARMENONVILLE (d'), p. *voir* POSTES AUX LETTRES, rue J.-J. Rousseau, n.º 9, q. S.-Eustache.

ARMES DE FRANCE (aux), g. par *Rabier*, rue S.-Thomas du Louvre, n.° 32, q. des Tuileries, 32 numéros de négocians et propriétaires, de 20 à 200 fr. par mois.

ARMES ROYALES (aux), g. par *Rossignol*, rue Neuve-S.-Eustache, n.° 42, q. Montmartre, 6 chambres de négocians et propriétaires.

ARRAS (d'), g. par veuve *Buron*, passage de la Treille, n.° 5, q. du Louvre, 17 lits d'ouvriers.

ARTOIS (d') ci-devant Cérutti, g. par *Billon*, rue d'Artois, n.° 1, q. de la Chaussée-d'Antin, 15 numéros d'étrangers de marque et négocians.

ARTOIS (d'), *voir* BRÉSIL et FLANDRE.

ARTOIS (petit hôtel d'), g. par *Hamon*, rue des Lavandières, n.° 15, q. du Louvre.

ARTS (des), p. rue du faub. S.-Martin, n.° 86, q. de la porte S.-Martin, c'est une caserne de Gendarmerie, habitée depuis le 16 janvier 1817 par la 2.e compagnie.

ARTS (des), g. par *Constant*, rue des Noyers, n.° 30, q. S.-Jacques, 12 numéros d'étudians.

ARTS (café des), g. par *Mulot*, rue S.-Martin, n.° 256, q. de S.-Martin-des-Champs, 4 chambres de voyageurs.

ARTS (café des), *voir* FLANDRE.

ARTS (Palais des Beaux-), p. quai de la Monnaie, n.º 19, q. de la Monnaie.

AS-DE-CŒUR (à l'), g. par *Le Galais*, rue Jean-de-l'Épine, n.º 20, q. des Arcis, 23 lits d'ouvriers et ouvrières.

AS-DE-PIQUE (à l'), g. par *Loubat*, rue Jean-de-l'Épine, n.º 16, q. des Arcis, 68 lits d'ouvriers et ouvrières.

ASFELD (d'), p. rue S.-Dominique.

ASNIÉRES (d') dit Beauvilliers, p. rue Sainte-Avoye, n.º 57, q. Sainte-Avoye.

ASTRACAN (d'), g. par *Maillard*, rue de Grenelle, n.º 18, q. du faubourg S.-Germain, 15 numéros d'officiers et propriétaires.

ATHÉNÉE (de l'), p. rue de Valois, n.º 2, q. du Palais-Royal.

AUBERT (maison du passage), g. par *Le Large*, rue Sainte-Foy, n.º 14, q. Bonne-Nouvelle, 9 lits d'employés et rentiers.

AUGEREAU (d') ou de Rochechouart, p. rue de Grenelle, q. du faubourg S.-Germain.

AUGNY (d'), p. rue Grange-Batelière, q. de la Chaussée-d'Antin.

AUMONT (d'), p. rue du faubourg S.-Honoré, n.º 69, q. des Champs-Élysées.

AUMONT (d') ou Terrai, p. rue de Jouy,

n.º 9, q. de l'Hôtel-de-Ville, à la Mairie.

AUMONT (d'), p. rue de Beaune, q. du faubourg S.-Germain.

AUMONT (d'), g. par *Soupé*, rue de la Mortellerie, n.º 12, q. de l'Hôtel-de-Ville, 42 lits de maîtres, marchands et négocians.

AUMONT (petit hôtel d'), rue

AUTRICHE (de l'Ambassadeur d'), p. rue d'Angoulême, n.º 2, q. des Champs-Élysées. Le général baron de Vincent,

AUTRICHE (d'), g. par *Tremet*, rue Traversière, n.º 27, q. du Palais-Royal, 15 lits d'étrangers et propriétaires, à 1 fr. 50 c. et 24 fr. par jour.

AUVERGNE (d'), g. par *Toudouze*, rue d'Orléans, n.º 14, q. de la Banque de France, 16 numéros de marchands et propriétaires, de 8 à 30 fr. par mois.

AUVERGNE (d'), g. par *Arnoult*, rue du Vertbois, nº 29, q. S.-Martin-des-Champs; 23 lits d'ouvriers.

AUVERGNE (d'), g. par *Avenard*, rue Beaubourg, nº 61, q. S.-Avoye; chambres d'ouvriers.

AUVERGNE (d'), g. par *Breton*, rue de la Parcheminerie, nº 24, q. de la Sorbonne; chambre d'imprimeurs.

AUVERGNE (d'), g. par *d'Auvergne*, rue Serpente, nº 9, q. de l'Ecole-de-Mé-

decine ; 11 numéros , pension bourgeoise.

AUVERGNE (d'), g. par *Montel*, rue Mon-
tagne-Ste.-Geneviève , n° 31 , q. S.-Jac-
ques , 25 numéros d'étudians.

AVALLON (d'), ci-devant d'AGA ou HAGA,
g. par *Flandrin*, rue de Chartres , n° 6 ,
q. des Tuileries ; 20 numéros d'employés
et propriétaires, de 15 à 40 fr. par mois.

AVOLD (à la ville de S.-), g. par *Lohman*,
rue Guérin Boisseau , n° 18 , q. de la
Porte S.-Denis; 40 lits pour des ménages
et ouvriers.

AVRANCHES (d'), g. par veuve *Lejeune*,
rue d'Artois , n° 12 , q. de la Chaussée-
d'Antin ; 12 num. d'étrangers et négocians.

AVRAY (d'), p. rue de Bourbon , n° 86 ,
q. du Faubourg-S.-Germain , résidence
du Ministre de la guerre.

AYMOND (des Quatre fils), g. par *Delisle*,
rue de Grenelle , n° 36 , q. de la Banque
de France ; 17 numéros d'étrangers et négocians , de 10 à 40 fr. par mois.

B.

BACCIOCHI (de), p. *voir* VAUDREUIL,
rue de la Chaise , n°   , q. du Faubourg
S.-Germain.

BADE (du ministre plénipotentiaire de), rue S.-Florentin, n° 11, q. des Tuileries.

BAINS, *voir* CHINOIS, ALBERT, BATAILLE, BLONDE, POITEVIN, JOSEPH, LOUVOIS, MONTESQUIEU, S.-SAUVEUR, TOURS, TURCS, VIGIER, etc.

BALBI (de), p. rue de Madame, q. du Luxembourg.

BALCON (du grand), g. par *Huré*, rue Traversière, n° 19, q. du Palais-Royal; 12 pièces pour négocians et rentiers, de 12 à 80 fr par mois.

BALCON (au grand), g. par *Benou*, rue Mouffetard, n° 29, q. du Jardin du Roi; 24 chambres, 30 lits d'ouvriers.

BALCONS (des petits)) g. par *Boisard*, rue S.-Sauveur, n° 7, q. Bonne-Nouvelle; 19 lits d'ouvriers.

BANQUE (de la), g. par veuve *Verrier*, rue Baillif, n° 8, q. de la Banque de France; 12 numéros de négocians et propriétaires.

BANQUE DE FRANCE (de la) dit hôtel de Penthièvre, p. rue de la Vrillière, n° 1, q. de la Banque de France.

BARBANSON (de), p. rue de Babylone, q. des Invalides.

BARBE (collége S.te), rue de Rheims, n° 7, q. S.-Jacques; rétabli.

BARCELONNE (de), g. par *Dupré*, rue

d'Amboise, n° 4, q. Feydeau ; 15 numéros de propriétaires.

BARIL D'OR (au) g. par *Gilson*, rue de la Mortellerie, n° 134, q. de l'Hôtel-de-Ville ; 20 lits de mariniers et propriétaires.

BARILS (aux Trois), g. par *Laurent*, rue S.-Victor, n°. 135, q. du Jardin-du-Roi ; 51 numéros d'ouvriers.

BARMONT (de), p. vieille rue du Temple.

BARREAU-VERT (au), g. par *Henriet*, quai des Ormes, n° 40, q. de l'Hôtel-de-Ville; 15 lits de marchands et propriétaires.

BARREAUX-VERTS (aux) g. par

BARTHELEMY (de), p. rue de la Chaussée-d'Antin.

BASSANO (de), p. rue de la Madeleine ; n° 35.

BATAILLE (des bains), rue de Richelieu, n° 19.

BATAVE, p. et g., rue S.-Denis, n° 124, q. des Lombards.

BATIMENS (café des), ci-devant à l'Alambic, g. par *Vertier*, place de l'Hôtel-de-Ville, n° 15, q. des Arcis ; 8 lits de tailleurs de pierre.

BAVIÈRE (de l'ambassadeur de) p. rue Bergère, n° 14.

Le chargé d'affaires, rue d'Anjou S.-Honoré, n° 48.

BAVIÈRE (de), g. par *Desjardins*, rue
 Neuve des Bons-Enfans, n° 17 q. du Palais-Royal ; 9 numéros de négocians et
 propriétaires.

BAVIÈRE (de)

BAVIÈRE (de)

BAYEUX, p. rue S.-Louis, au Marais.

BAYEUX (collége de), p. rue de la Harpe,
 n° 93, q. de la Sorbonne.

BAYONNE (de), g. par *Lecyre*, rue Marivaux, n° 7, q. Feydeau ; chambres de
 propriétaires et rentiers.

BAYONNE (de), g. par veuve *Seiard*, rue
 du Four, n° 41, q. de la Banque de
 France ; 8 numéros de négocians.

BAYONNE (de), g. par *Coupson*, rue des
 Mauvais-Garçons, n° 14, q. de la Monnaie ; 9 chambres d'ouvriers.

BÉARN (de), g. par *Bardin*, rue et q. du
 Mail, n° 14 ; 32 numéros de négocians,
 de 20 à 150 fr. par mois.

BÉARN (de), g. par *Mailhos*, rue de l'Arbre-sec, n° 10, q. du Louvre ; 9 lits
 d'ouvriers.

BÉARN)de), *voir* BIARD.

BÉARN)de), g. par *Cazayeux*, rue de
 Bourbon, n° 38, q. du Faubourg S.-
 Germain ; 8 numéros d'officiers et pro-
 priétaires.

BEAUBOURG (maison), g. par *Thierry*, rue

Beaubourg, n° 35, q. Ste.-Avoye ; 20 lits de chapeliers et autres.

BEAUJON (de), p. rue du Faubourg du Roule,

BEAUMARCHAIS (de), p. porte S.-Antoine, au coin du boulevard.

BEAUNE (de), ci-devant de la Paix, g. par *Chevillard*, rue de Beaune, n° 29, q. du Faubourg S.-Germain ; 20 numéros d'officiers et propriétaires.

BEAUNE (de), p. rue du Regard.

BEAUNE (café de), g. par *Guizard*, rue de Beaune, n° 11, q. du Faubourg S.-Germain ; 26 numéros d'officiers et propriétaires.

BEAUX-ARTS (palais des), *voir* NATIONS.

BEAUVAIS (de), g. par *Mercier*, rue des Vieux-Augustins, n° 61, q. du Mail ; 18 lits de propriétaires et rentiers, de 20 à 100 fr. par mois.

BEAUVAIS (de), g. par *Boulanger*, rue S.-Antoine, n° 62, q. de l'Hôtel-de-Ville ; 14 lits de marchands et voyageurs.

BEAUVAIS (de), g. par *Faucille*, rue S.-Jean-de-Beauvais, n° 4, q. S.-Jacques ; 12 numéros d'étudians.

BEAUVAIS (collége de), p. rue et q. S.-Jacques, n° 155.

BEAUVEAU, p. rue du Faubourg S.-Honoré, n° 90, q. du Roule.

BEAUVILLIERS, *voir* ASNIÈRES.

BEL-AIR (du), g. par *Préseau*, rue des Enfans-Rouges, n° 10, q. du Mont-de-Piété, 21 lits de propriétaires et voyageurs.

BÉLANGER ; p. rue S.-Georges.

BELFORT (de), ci-devant à la Providence, g. par *Guilmard*, rue du Cloître-S.-Benoît, n° 17, q. de la Sorbonne ; 10 chambres d'étudians, de 20 à 30 fr. par mois.

BELGIQUE (de la), g. par *Brac*, rue S.-Thomas-du-Louvre, n° 15, q. des Tuileries ; 38 numéros de négocians et propriétaires.

BELLE-ISLE (de), *voir* PRASLIN.

BELLEVUE (de), g. par veuve *Legendre*, carrefour S.-Benoît, n° 25, q. de la Monnaie ; 20 numéros de marchands et autres.

BELLEVUE (de), g. par *Cottin*, rue et q. du Temple, n° 86 ; 14 lits de marchands et officiers.

BELLEVUE (de), g. par *Délange*, rue de Beaune, n° 12, q. du Faubourg-S.-Germain ; 7 numéros d'ouvriers.

BELSUNCE (de), p. rue de Verneuil.

BÉNÉDICTINS-ANGLAIS (aux), g. par *Gauthier*, rue S.-Jacques, n° 267, q. de l'Observatoire ; 8 numéros d'ouvriers.

BENOIST (S.), g. par *Lenoble*, rue S.-Benoist, n° 6, q. de la Monnaie ; 6 numéros d'étudians.

BENOIST (S.), g. par *Cordier*, rue de la Huchette, n° 9, q. de la Sorbonne, chambres d'étudians.

BENTHEIM (de), p. *voir* GUERRE (ministère de la).

BERGÈRE, g. par *Guillaume*, rue Bergère, n° 26, q. du Faubourg-Montmartre, 24 lits. d'empl. et négocians.

BERLIN (de), g. par *Dans*, rue des Frondeurs, n° 6, q. du Palais-Royal ; 22 numéros d'étrangers et propriétaires, de 10 à 120 fr. par mois.

BERLIN (de), g. par veuve *Guyotte*, rue S.-Guillaume, n° 9, q. du Faubourg-S.-Germain ; 18 numéros d'étrangers et propriétaires.

BERNADOTTE (de), p. rue d'Anjou, faubourg S.-Honoré.

BERRY (de), g. par madame d'*Yvry*, rue du Bouloy, n° 18, q. de la Banque de France ; 15 numéros de propriétaires.

BERRY (petit hôtel de), g. par *Fougeron*, rue des Deux-Ecus, n° 16, q. de la Banque de France ; 22 numéros.

BERRY (maison de), g. par *Waltz*, rue du Bac, n° 85, q. S.-Thomas-d'Aquin ; chambres d'officiers et propriétaires.

BERRY (de), g. par *Truisson*, rue de la

Harpe, n° 58, q. de l'Ecole-de-Médecine; 30 numéros de marchands de bœufs.

BERWICH (de), *voir* CASTELLANE.

BESANÇON (de), g. par *Prieur*, rue de la Sourdière, n.° 3, q. du Palais-Royal, 15 numéros d'ouvriers et de domestiques.

BESANÇON (de), g. par veuve *Seuget*, rue S.-Guillaume, n.° 5, q. du faub. S.-Germain, 10 numéros d'ouvriers.

BESENVAL (de), p. rue de Grenelle S.-Germain.

BÉTHUNE (de) dit de Créqui, p. rue S.-Guillaume, faubourg S.-Germain.

BEUVRON (de), p. rue de Grenelle S.-Germain.

BEZON, p. rue Vivienne.

BIARD (de), dit de Bearn, par *Biard*, rue Coquenard, n.° 12, q. du faub. Montmartre, 10 lits pour 20 ouvriers.

BIBLIOTHÈQUE ROYALE (la) ou hôtel de Nevers, p. rue de Richelieu, n.° 58.

BIBLIOTHÈQUE (de la), g. par *Vileux*, rue S.-Nicaise, n.° 2, q. des Tuileries, 27 numéros d'employés et négocians, de 30 à 80 fr. par mois.

BIDAUD, p. rue des Trois-Frères.

BIENFAISANCE (cour de la), g. par . . . , rue de Rochechouart, n.° 35, q. du faubourg Montmartre.

BIENVENU (au), g. par *Citerne*, rue de la Barillerie, n.° 13; q. de la Cité, chambres d'artisans.

BIRON (de), p. rues de Varennes, n.° 45, et Babylone, n.° 22, q. S.-Thomas-d'Aquin.

BLACAS (de), p. rue de Grenelle S.-Germain, côté des Invalides.

BLONDE (des bains de), rue des Colonnes, n.° 1.

BOISGELIN (de) ou de Sully ou de Turgot, p. rue S.-Antoine, n.° 143, q. du Marais.

BONAC (de), *voir* CHABRILLANT.

BONCOURT (collège de), p. rue Descartes, n.° 21, q. S.-Jacques. L'une des entrées de l'école Polytechnique, dont il fait partie.

BONHEUR (du petit), g. par *Fournier*, vieille rue du Temple, n.° 85, q. du Mont-de-Piété, 4 lits d'artisans.

BONNE-ESPÉRANCE (au cap de), g. par *Delétang*, rue Mouffetard, n.°s 35 et 37, q. du Jardin-du-Roi, 53 lits d'ouvriers, et à la nuit.

BONNE-FOY (de la), g. par *Berthelmet*, rue Beaurepaire, n.° 14, q. Montorgueil, 20 lits d'ouvriers, de 6 à 24 fr. par mois.

BONNE-FOY (à la), g. par *Serre*, rue de

Sèvres, n.° 107, q. S.-Thomas-d'Aquin, chambres d'ouvriers.

BONNE-FOY (à la) , g. par *Berniquet*, rue Copeau, n.° 5, q. du Jardin-du-Roi, 10 lits d'ouvriers.

BONNE-FOY (à la), *voir* LIMOGES.

BONNE-NOUVELLE (de), g. par *Lazerme*, rue Neu⎯S.-Étienne, n.° 6, q. de Bonne-Nouvelle, 20 lits d'employés et ouvriers.

BONS-ENFANS (des), *voir* ENFANS.

BORDEAUX (de), g. par mademoiselle *Maigret*, rue Neuve des Bons-Enfans, n.° 19, q. du Palais-Royal, chambres de négocians et propriétaires.

BORDEAUX (de), g. par madame *Décise*, rue Neuve S.-Marc, n.° 6, q. Feydeau, 30 numéros d'employés et propriétaires.

BORDEAUX (petit hôtel de), g. par *Délétoile*, rue du Petit-Reposoir, n° 3, q. du Mail ; 12 lits d'ouvriers, de 12 à 30 fr. par mois et à la nuit.

BORDEAUX (de), g. par veuve *Menard*, rue du Four, n° 45, q. de la Banque de France ; 12 numéros d'étrangers et propriétaires, de 10 à 35 fr. par mois.

BORDEAUX (de), g. par veuve *Dathy*, rue de Grenelle, n° 43, q. de la Banque de France ; 22 numéros d'étrangers et propriétaires, de 24 à 60 fr. par mois.

BORDEAUX (de), g. par *Gauny* , rue

S.-Denis, n° 39, q. des Marchés ; 9 lits de bourgeois.

BORDEAUX (de), g. par *Thomas*, rue S.-Honoré, n° 10, q. des Marchés ; 12 numéros de négocians.

BORDEAUX (de), g. par *Pouréron*, rue des Poulies, n° 6, q. S.-Honoré ; 18 lits d'employés et propriétaires, de 6 à 30 fr. par mois.

BORDEAUX (de), g. par *Galand*, rue Guénégaud, n° 20, q. de la Monnaie ; 10 chambres d'ouvriers.

BORDEAUX (de), g. par madame *Emery*, rue S.-Guillaume, n° 4, q. du Faubourg-S.-Germain ; 12 numéros de propriétaires.

BORGHÈSE (de), p. rue du Faubourg-S.-Honoré. n° 39, q. des Champs-Elysées, *voir* CHAROST.

BOSTON (de), g. par *Mure*, rue Vivienne, n° 13, q. Feydeau : 40 numéros d'étrangers de marque, négocians et officiers.

BOUCHERAT, *voir* AIGUILLY.

BOUFFLERS (de), p. enclos et q. du Temple, n° 20.

BOUILLON (de), p. quai Malaquais, q. de la Monnaie.

BOULAINVILLIERS (de), p. rue Bergère, q. du Faubourg-Montmartre.

BOULANGERS (maison des), pour leur placement, rue de la Savonnerie, n° 9, q.

des Lombards ; en garni, rue S.-Antoine, n°. 183 ; cul-de-sac Guiménée, n° 2, q. du Marais ; et rue Macon, n° 4, q. de l'École-de-Médecine.

BOULE-D'OR (à la), g. par *Fauvelle*, rue Coquillière, n° 34, q. du Mail ; chambres d'officiers ou négocians, de 40 à 60 fr. par mois.

BOULES (aux deux), g. par *Fardel*, rue du Faubourg-S.-Antoine, n° 190, q. des Quinze-Vingts ; 7 lits d'ouvriers.

BOULES (aux trois), jadis Cadran-bleu, g. par *Aubry*, rue S.-Victor, n° 139, q. du Jardin-du-Roi : 8 numéros d'ouvriers.

BOULETS (aux trois), g. par *Duchesne*, rue du Jardin-du-Roi, n° 23, q. S.-Marcel ; 6 numéros d'ouvriers.

BOULOGNE (de), p. rues S.-Honoré, n° 323 et de Rivoli, n° 24, q. des Tuileries ; il y a de beaux salons de lecture et d'expositions.

BOULOGNE (de), p. rue du Bac.

BOULOGNE (de), g. par *Cotinot*, rue de la Harpe, n° 37, q. de la Sorbonne ; 30 numéros d'étudians.

BOULOY (du), g. par *Poupin*, rue du Bouloy, n° 5, q. de la Banque de France ; 24 numéros de propriétaires et négocians, de 30 à 70 fr. par mois.

BOURBON, *voir* ELYSÉE.

CAHORS (de), g. par mademoiselle *Amette*, rue de Richelieu, n° 16, q. du Palais-Royal ; 26 numéros de négocians de 30 à 60 fr. par mois, et table d'hôte à   fr.

CAIRE (à la ville du), g. par madame *Décloux*, rue du Caire, n° 36, q. Bonne-Nouvelle ; chambres d'employés.

CAIRE (petit hôtel du), par veuve *Féry*, rue du Caire, n° 10, q. Bonne-Nouvelle ; 6 lits d'ouvriers.

CALAIS (du pas de), g. par *Legendre*, rue Neuve-des-Bons-Enfans, n° 11, q. du Palais-Royal ; 14 num. de couturières, de 6 à 40 fr. par mois.

CALAIS (de), g. par *Coendoz*, rue Gaillon, n° 6, q. Feydeau ; 15 numéros de négocians.

CALAIS (petit hôtel de) g. par *Dehu*, rue Louis-le-Grand ; n° 2, q. Feydeau ; 10 numéros de propriétaires et rentiers.

CALAIS (de), g. par *Turin*, rue Montmartre, n° 138, q. Montmartre ; 18 numéros, de négocians et propriétaires, de 10 à 45 fr. par mois.

CALAIS (de), g. par *Chaudeau*, rue Coquillière, n° 14, q. S.-Eustache ; 34 numéros, de courriers et négocians.

Calvados (du), g. par mademoiselle *Gourdel*, rue S.-Germain-l'Auxerrois, n° 26, q. du Louvre ; chambres de domestiques et d'ouvriers.

4

Pagination incorrecte — date incorrecte

CALVAIRE (des Filles du), g. par veuve *Henri*, rue des Filles-du-Calvaire, n° 3, q. du Temple ; chambres de cochers.

CAMBACÉRÈS (de), p. rue de l'Université, n°   , en face celle de Beaune, ou plutôt rue S.-Dominique , faubourg S.-Germain , n° 58 , *voir* MOLÉ.

CAMBIS (de) ou de SOURDIS , p. rue d'Orléans.

CAMBRAY (de) , g. par *Martin*, place Cambray , n° 8 , q. S.-Jacques , 30 chambres d'étudians.

CANILLAC (de) , p. rue du Parc-Royal, n°   , q. du Marais.

CANTAL (du) , g. par *Couli*, rue Bailleul, n° 13 , q. S.-Honoré ; 12 lits d'employés et d'ouvriers , de 8 à 40 fr. par mois.

CANTONS (des treize) , g. par *Berchère*, rue Traversière, n° 11 , q. Palais-Royal; 16 pièces d'ouvriers et rentiers de 10 à 30 fr. par mois.

CANTONS-SUISSES (des) , g. par *Cruchand*, rue Grange-Batélière , n° 30 , q. de la Chaussée d'Antin ; chambres d'officiers et négocians.

CANTONS-SUISSES (des vingt-deux) , ci-devant à la Croix-Blanche , g. par *Bonnet* et Compagnie, rue Thévenot, n° 12, q. Bonne-Nouvelle ; 9 lits de marchands.

CAP , *voir* BONNE-ESPÉRANCE.

CAPRICE-DES-DAMES (au), g. par *Barre*, rue de Rochechouart, n° 5, q. du Faubourg-Montmartre, chambres de militaires et ouvriers.

CAPUCIN (au).

CAPUCINES (petit hôtel des), g. par madame *Brabant*, rue Neuve des-Capucines, n° 6, q. de la Place Vendôme ; 12 lits de propriétaires.

CAPUCINES (petit hôtel des), g. par *Debline*, rue de la Bucherie, n° 9, q. S.-Jacques ; chambres d'ouvriers.

CAPUCINS (aux trois), g. par *Sandret*, rue S.-Martin, n° 218, q. St.-Martin-des-Champs ; 2 lits de rouliers et voyageurs.

CARAMAN (de), p. rue S.-Dominique, n° 100, q. des Invalides.

CARDINAL (palais), p. rue de l'Abbaye, n° 1, q. de la Monnaie.

CARDINAL, *voir* LEMOINE.

CARIGNAN (de), g. par *Riché*, courrier, rue Neuve-S.-Eustache, n° 31, q. Montmartre ; 17 numéros de négocians et propriétaires, de 18 à 250 fr. par mois.

CARNAVALET (de), p. rue Couture-S.te-Catherine, n° 27, q. du Marais.

CARNEAUX (des), p. rue des Bourdonnais, q. S.-Honoré.

CARREAU (du petit), g. par veuve *Charpin*,

rue du Petit-Carreau , n° 28 , q. Bonne-Nouvelle , 18 lits de ménuisiers.

CARROUSEL (du), g. par madame *Lacassagne*, rue de Rivoli , n° 6 , q. des Tuileries ; 22 numéros d'étrangers, officiers et négocians, de 25 à 40 fr. par mois.

CARROUSEL (hôtel du petit), g. par *Bardet*, rue de Chartres , n° 7 , et de Rohan , n° 2 , q. des Tuileries ; 9 numéros d'employés, négocians, propriétaires et rentiers.

CARSTENSOHN (de), p. rue de la Pépinière, q. du Roule.

CARVOISIN (de), p. rue de Bourbon , q. du Faubourg-S.-Germain.

CASSINI (de), p. rue de Babylone , q. S.-Thomas-d'Aquin.

CASTELLANE ou BERWICH (de), g. par veuve *Dupré*, rue de Grenelle S. Germain. n° 67 , q. S.-Thomas-d'Aquin ; 30 numéros d'étrangers, d'officiers et propriétaires de marque, de 20 à 300 et 600 fr. par mois.

CASTRIES (de), ci-devant de la Guerre, p. rue de Varennes, n° 22 , q. S.-Thomas-d'Aquin.

CAUMARTIN, g. par *Haincelin*, rue Caumartin, n°41 , q. de la place Vendôme ; chambres de domestiques et rentiers.

CAUMARTIN, p. rue S.te-Avoye,

CELLE (de) dit FRARY, p. rue et q. Montmartre, n° 84; il y a 75 locataires, cercle et salons littéraires et un beau magasin
de librairie tenus par M. Debray.

CENT-SUISSES (des) dit d'ELBŒUF, p.
place du Carrousel, n° 16 q. des Tuileries.

CERCLE (petit hôtel du), ou Cercle des
négocians, g. par *Rioche*, rue d'Amboise,
n° 1. q. Feydeau; chambres de négocians,
officiers et propriétaires.

CERCLE-ANGLAIS (le), p. rue de la Chaussée d'Antin, n° 40, grand hôtel de Montesson. Il y a une société formant l'institution anti-pirate, contre les Algériens et
autres, pour la délivrance des esclaves
chrétiens. Sir Sidney-Smith, président.

CERCLE et SALONS LITTÉRAIRES, *voir* ci-
dessus hôtel de Celle ou Boulogne.

CERF (au grand), g. par *Suzet*, rue S.-
Denis, n° 237, q. Montorgueil; 8 lits
de rouliers.

CERF (au grand), g. par *Delvaux*, rue du
Faubourg-S.-Martin, n° 258, q. de la
Porte-S.-Martin, 3 chambres 8 lits de
march., rouliers et voyageurs à la nuit,
à 30 sols et au-dessus.

CERF (au grand), g. par madame *Ciret*,
rue Neuve S.-Martin, n° 19 et du Vertbois, n°s 24 et 26, q. S.-Martin-des-
Champs; 25 lits de marchands et rouliers.

CERF (maison du grand), g. par l'*Archet-Becquemis*, rue du Ponceau, n° 38, et S.-Denis, 350, q de la Porte-S.-Denis; 18 lits de rouliers en 10 chambres.

CERF (au gr.), g. par *Ronger*, rue du Vieux-Colombier, n° 32, q. du Luxembourg; 20 numéros de journaliers.

CERF-MONTANT (au), g. par *Vallée*, rue des Grands-Dégrés, n° 12, q. St-Jacques; 19 lits de tailleurs de pierre.

CÉRUTTI, *voir* ARTOIS.

CHABANES (de) p. rue des Saints-Pères.

CHABANNAIS (de) dit Vantadour, p. rue de Charonne, faubourg S.-Antoine.

CHABOT (de), p. rue de Varennes.

CHABRILLANT (de) dit Bonac, p. rue de Grenelle S. Germain.

CHAISE (maison de la petite), g. par *Gaillon*, rue de Grenelle S.-Germain, n° 36, q. du Faubourg-S.-Germain ; 6 numéros d'ouvriers.

CHALONS (de), p. rue du Regard.

CHAMBÉRY (de), g. par *Blanchet*, rue du Marché-Palu, n° 14, q. de la Cité; 25 lits d'élèves.

CHAMBRE DES DÉPUTÉS, *voir* PALAIS-BOURBON.

CHAMILLIARD (de), p. rue Coq-Héron.

CHAMPAGNE (de), g. par veuve *Montaille*, rue des Poulies, n° 8, q. S.-Honoré;

22 lits de tailleurs, à 5 et à 14 fr. par mois.

CHAMPAGNE (de), g. par *Delivet*, rue des Cordiers, n° 4, q. de la Sorbonne ; chambres d'ouvriers.

CHAMPAGNE (de), g. par *Caille*, rue S.-Jacques, n° 101, q. S.-Jacques ; 24 numéros d'étudians.

CHAMPS (des pet.), g. par *Aurant*, rue N.-des-petits-Champs, n° 16, q. Feydeau, 20 numéros d'officiers et négocians.

CHAMPS-ÉLYSÉES (des), g. par veuve *Gaubert*, rue de la Madeleine, n° 3, q. du Roule ; 28 chambres de militaires et rentiers.

CHANCELLERIE (de la), p. place Vendôme, n° 13, q. de la Place-Vendôme.

CHANCELLERIE (de la), p. rue des Bons-Enfans, n° 19, q. du Palais-Royal.

CHAPEAU-ROUGE (au grand), g. par *Cahanier*, rue S.-Jacques, n° 259, q. de l'Observatoire ; chambres d'ouvriers.

CHAPTAL, p. rue S.-Dominique, faubourg S.-Germain, n° 70.

CHARIOT-D'ARGENT (au), g. par *Fournier*, rue Pavée, n° 24, q. Montorgueil, chambres de domestiques et rentiers.

CHARIOT-D'OR (au), g. par *Cauvet*, rue Grénetat, n° 25, q. de la Porte-S.-Denis, 16 chambres de marchands.

CHARIOT-D'OR (au), g. par veuve *Poncet* rue S.-Victor, n° 34, q. du Jardin-du-Roi, 22 lits de voyageurs.

CHARLEMAGNE (de), g. par *Messier*, place royale, n° 15, q. du Marais; 26 lits d'officiers et propriétaires.

CHARLEMAGNE (lycée), p. rue St-Antoine, n° 112, q. de l'Arsenal.

CHARNI (de), p. rue des Barres.

CHAROST dit BORGHÈSE (de), p. rue du Faubourg-S.-Honoré, n° 39, q. des Champs-Elysées.

CHAROST (de), p. rue de Bourbon.

CHARTRES (de), g. par *Bardet*, rue de Chartres, n° 7, et de Rohan, n° 2, q. des Tuileries; 9 num. d'empl., propr. et rentiers.

CHARTRES (de), g. par *Heurtault*, rue des 2 Ecùs, n° 14, q. de la Banq. de Fr.; 7 num. d'empl., milit. et négocians.

CHARTRES (de), g. par *Lelièvre*, rue Jean-Pain-Molet, n° 11, p. des Arcis; 29 lits d'ouvr. et ouvrières.

CHARTREUSE (de la), p. rue du Faubourg du Roule.

CHATAM g. par *Danchin*, rue Neuve-S.-Augustin, n° 57, q. de la Place-Vendôme; 6 lits de propriét.

CHATELET (du), p. rue de Grenelle-S.-Germ.

CHAT-QUI-PÉCHE (au); g. par *Châtaignier*,

rue d'Enfer, n° 18, q. de l'Observatoire;
4 pièces de meneurs en chambrée.

CHAUDRON-D'OR (au), g. par *Laporte*,
rue du Faub.-S. Martin, n° 245, q. du
Faub.-S.-Denis; ch. de march. et voyag.

CHAULNES (de), p. *voir* VENDÔME.

CHAUME (pet. hôt. du), g. par *Cacheleux*,
rue d'Enfer, n° 63, q. de l'Observat.;
pension d'infirmes.

CHAUMIÈRE (la petite), g. par veuve *Sa-
landier*, rue et q. S.-Jacques, n° 141;
14 chambres d'étudians.

CHAUMOND (S.), p. rue S.-Denis, n° 374
et du Ponceau, n° 18, q. de la Porte-
S.-Denis; il y a un fort roulage.

CHAUSSÉE-D'ANTIN (de la), g. par *Garnot*,
rue de la Ch.-d'Antin, n° 47, q. de la
Place-Vendôme.

CHAVAUDON (de), p. quai Malaquais.

CHELLES (de), g. par *Havé*, marché S.-
Jean, n° 16, q. du Marché-S.-Jean; 28
chambr., 47 lits de march. et négoc.

CHENISOT, p. rue et île S. Louis, n° 45.

CHENOT, p. rue de Provence, n°   q. de
la Chaussée-d'Antin.

CHERBOURG (de), g. par *Vedrine*, rue du
Four, n° 33, q. de la Banq. de France;
18 num. de nég., propr. et rentiers, de 12
à 45 fr. par mois.

CHERET, p. rue du Faub.-Poissonnière.

CHEVAL-BLANC (au), g. par *Lathuile*, rue du Faub.-S. Martin, n° 222, q. de la Porte-S.-Martin ; 10 lits de voyag. à la nuit et à 5 fr. par mois.

CHEVAL-BLANC (au), g. par *Leroy* ; rue S.-Martin, n° 269, q. de la Porte-S.-Denis ; 24 lits de march., voituriers et voyageurs.

CHEVAL-BLANC (au), g. par *Morsat*, rue de la Mortellerie, n° 132, q. de l'Hôtel-de-Ville ; 24 lits d'escamot. et ouvriers.

CHEVAL-BLANC (au), g. par *Loride*, rue Neuve Notre-Dame, n° 4, q. de la Cité ; 3 chambr. d'ouvriers.

CHEVAL-BLANC (au), g. par *Germain*, rue de l'Hirondelle, n° 24 q. de l'Ecole-Médecine ; 24 num. d'ouvriers et voyag.

CHEVAL-BLANC (au), g. par *Delrieux*, rue de la Bucherie, n° 1, q. S.-Jacques ; 7 chambres 24 lits d'ouvriers.

CHEVAL-BLANC (au), g. par veuve *Moreau*, rue S. Jacques, n° 252, q. de l'Observat. ; 8 num. de tisserands.

CHEVAL-BLANC (maison du), g. par *Claron*, marché aux Chevaux, n° 4, q. S. Marcel ; 6 lits d'ouvriers.

CHEVAL-BLANC (à l'anc.), g. par *Lafosse*, rue du Pont-de-Lodi, n° 3, q. de l'Ecole-de-Médecine.

CHEVAL-GRIS (au), g. par *Lenoble*, rue

de la Chanverrerie, n° 21, q. des Marchés;
8 lits de march. de marée.

CHEVAL-NOIR (au), g. par *Hautin*, rue
S.-Antoine, n° 119, q. du Marais; 10
chambres d'ébénistes.

CHEVAL-ROUGE (au), g. par *Bazot*, rue
S. Denis, n° 252, q. de la Porte-S.-Denis;
chambr. de march. et voyageurs.

CHEVAL-ROUGE (au), g. par *Sardin*, rue
du Faub.-S.-Antoine, n° 21, q. du Faubourg S. Antoine; 7 lits d'ouvriers.

CHEVAL-ROUGE (au), g. par *Breton*, rue
Geoffroy-l'Asnier, n° 32, q. de l'Hôtel-
de-Ville; 17 lits de march. messag. et mil.

CHEVAL-ROUGE (au), g. par *Michaud*,
quai de la Tournelle, n° 13, q. du Jardin-
du-Roi; 20 lits de marins et md. de vin.

CHEVAL-ROUGE (au), g. par *Picard*, rue
du Pont-aux-Biches, n° 6, q. S.-Marcel;
11 lits de mégiss. et teinturiers.

CHEVREUSE (de), p. *voir* ECURIES DU ROI.

CHIEN-QUI-PARLE (au), g. par *Moncheny*,
rue Mouffetard, n° 102, q. de l'Observ.

CHINOIS (des bains); p. boul. des Italiens.

CHOISEUL (de), p. rue Grange-Batelière,
n° 1, q. de la Chaussée-d'Antin.

CHOISEUL (petit hôtel de), p. rue Lepelletier, n° 10, q. susdit.

CHOISEUL (de), g. par mad. *Orban*, rue
de Richelieu, n° 113, q. Feydeau; 40
num. d'étrang., négoc. et propriétaires.

CHOISEUL (de), p. quai Voltaire.

CHRISTINE (de la reine), g. par *Destou-
ches*, rue Christine, n° 6 , q. de l'Ecole-
de Médecine ; 15 num. d'étudians.

CHRISTOPHE (S.), g. par *Bourgogne*,
rue Montorgueil, n° 49 , q. S.-Eustache
18 chamb. 27 lits de md. fariniers, nég.
et propriét. de 12 à 40 fr. par mois.

CIGNE (au), g. par *Oguier*, rue du Faub.
S.-Martin ; n° 15 , q. du Faub.-S.-Denis;
6 lits de voyageurs.

CLARENCE (du duc de), g. par *Barrier*,
rue de Grenelle S.-Germain, n° 26 , q. du
Faub.-S.-Germ. ; 16 num. d'étr. et propt.

CIRQUE-OLYMPIQUE, *voir* FRANCONI.

CLERMONT (de), g. par *Alhenc*, rue du
Dauphin , n° 7 , q. des Tuileries ; 5 num.
d'empl. et. rentiers.

CLERMONT (de) jadis de la Vierge, g. par
veuve *Hardivilliers*, rue Tirechape, n° 18,
q. S.-Honoré , chambr. de m.ds fripiers.

CLERMONT (de), g. par *Gallois*, rue du
Figuier, n° 1 , q. de l'Arsenal ; 12 lits
de rouliers.

CLERMONT (de), p. *voir* ORSAY.

CLERMONT-TONNERRE (de), p. rue du Bac.

CLERMONT - TONNERRE (de),
Petit-Vaugir. , n°   q.

CLÉRY (de), g. par *Chevrier*
n° 20 , q. Montmartre ;

BOURBON (palais), rue de l'Université,
n° 116; et quai d'Orsay, q. des Invalides.

BOURBON (Lycée), p. rue S.te-Croix,
n° 5, q. de la Place Vendôme.

BOURBON (de), g. par *Lecouvreur*, rue de
Bourbon, n° 26, q. du Faubourg-S.-Ger-
main; 24 numéros de propriétaires.

BOURBONNE-LES-BAINS (de), g. par
veuve *Héritte*, rue Jacob, n° 9, q. de
la Monnaie; 22 numéros de propriétaires.

BOURBON-VILLENEUVE (de), ci-devant à
la Clef-d'Or, g. par *Vignier*, rue Bourbon-Villeneuve, n° 51, q. Bonne-Nouvelle, 5 numéros d'ouvriers.

BOURGET (du), g. *voir* RENNES.

BOURGOGNE (de), g. par *Grandpré*, rue
S.-Thomas-du-Louvre, n° 30, q. des
Tuileries; 26 numéros de négocians et
propriétaires, de 20 à 40 fr. par mois.

BOURGOGNE (de), g. par *Héricourt*, rue
S.te-Anne, n° 79, q. Feydeau; 18 numéros de militaires et négocians.

BOURGOGNE (de), g. par *Jacquesson*, rue
et q. Montmartre, n°. 120; 18 numéros de militaires et négocians, de 15 à
36 fr. par mois.

BOURGOGNE (de), g. par *Gautereau*, rue
Baillet, n° 10, q. du Louvre; 8 numéros de militaires et négocians.

BOURGOGNE (de), g. par *Coquet*, rue

Béthizy, n° 8, q. S.-Honoré ; 20 lits de tailleurs, de 8 à 30 fr. par mois.

BOURGOGNE (de), g. par *Bissonnet*, rue des Deux-Ecus, n° 32 , q. de la Banque de France ; 14 num. d'artisans ; à quitté.

BOURGOGNE (de), g. par *Bourdon*, rue de Grenelle, n° 26 , q. de la Banque de France ; 12 numéros d'employés et propriétaires, de 10 à 18 fr. par mois.

BOURGOGNE (de), g. par madame *Duval*, rue de la Tixéranderie, n° 49 , cul-de-sac S.-Faron, 7 chambres de boulangers et marchands de tamis.

BOURGOGNE (de), g. par *Mongenot*, rue Jean-Pain-Molet, n° 15 , q. des Arcis; 25 lits de marchandes à la Halle et autres femmes à la nuit.

BOURGOGNE (de), g. par *Pilet*, rue Cocatrix, n° 5 , q. de la Cité ; 12 lits d'élèves et ouvriers.

BOURGOGNE (de), g. par *Chauchot*, rue et q. de l'Isle-S.-Louis, n° 25 ; 23 lits de marchands de vins et autres.

BOURGOGNE (de), g. par *Bouquau*, rue du Monceau-S.-Gervais, n° 2 , q. de l'Hôtel-de-Ville ; 14 lits de négocians et voyageurs.

BOURGOGNE (de), g. par *Ponchard*, grande rue de Taranne, n° 23 , q. de la Monnaie ; 16 chambres de propriétaires.

OURGOGNE (de), g. par *Bougenelle* ; rue de Bourgogne, n° 117, q. des Invalides ; 60 numéros d'officiers et propriétaires.

OURGOGNE (de), g. par *Bonhomme*, rue de Savoie, n° 20, q. de l'Ecole-de-Médecine ; 12 numéros d'étudians.

BOURGOGNE (de), g. par mademoiselle *Quesnel*, rue des Deux-Portes, n° 5, q. de l'Ecole-de-Médecine ; 15 numéros d'étudians.

BOURGOGNE (de), g. par *Panet*, rue de la Harpe, n° 84, q. de l'Ecole de-Médecine ; chambres d'étudians.

BOURGOGNE (de), g. par *Thillier*, rue des Mathurins, n° 7, q. de la Sorbonne ; 6 chambres d'étudians.

BOURGOGNE (aux sources des fontaines de) g. par *Berga*, rue des Fossés-S.-Bernard, n° 10, q. du Jardin-du-Roi ; 10 lits de marchands de vins.

BOURGUIGNON (au franc), g. par veuve *Gibert*, rue Tirechappe, n° 25, q. S.-Honoré ; chambres de marchands.

BOURGUIGNONS (rendez-vous des), g. par *Robin*, rue des Fossés-S.-Bernard, n° 8, q. du Jardin-du-Roi ; 12 lits d'ouvriers du port.

BOUTEILLE (à la) ou à S. Magloire, g. par *Chemin*, rue Salle-au-Comte, n° 2,

q. des Lombards ; 12 lits de rouliers.

BOUTEILLES (aux trois) g. par *Maubeuche*, rue S.-Martin, n° 179, q. de la Porte-S.-Denis ; 6 lits de marchands de toile.

BOUTEILLES (aux trois), g. par *Grêlé*, quai de la Tournelle, n° 29, q. du Jardin-du-Roi ; 6 lits de marchands de vin.

BOUTHILLERS (de), p. rue des Poitevins, n° 14, q. de l'Ecole-de-Médecine.

BOUTIN, p. rue de Richelieu.

BOUTIN (pavillon), *voir* TIVOLI.

BOUTIQUE (à la petite), par mademoiselle *Henriot*, rue Copeau, n° 14, q. du Jardin-du-Roi ; 4 numéros d'étudians.

BOYNES (de), p. rue du Faubourg-S.-Martin.

BRABANT (de), dit de Suède, g. par veuve *Schmits*, rue S.te-Hyacinte, n° 15, q. de la Sorbonne ; 12 pièces d'étudians.

BRANCAS (de), p. rue de Tournon, n° 6, q. du Luxembourg.

BRASSERIE (la), p. rue Richer, faub. Montmartre.

BREGY (de), g. par *Fléchy*, rue de la Tixéranderie, n° 63, q. du marché S.-Jean, 12 lits de rouliers.

BRÉSIL (de l'envoyé du), *voir* PORTUGAL.

BRÉSIL (du) ci-devant d'Artois, g. par *Decrooz*, rue Notre-Dame des Victoires;

nº 46, q. du Mail, 5 appartemens, 17 lits d'étrangers et négocians.

BRETAGNE (de la grande), g. par *Bulot-la-Neuville*, rue S.-Honoré, nº 341, q. des Tuileries, 30 numéros de négocians et propriétaires, de 20 à 300 fr. par mois.

BRETAGNE (de), g. par *Mercey*, rue de Richelieu, nº 25, q. du Palais-Royal, 20 chambres, 30 lits de négocians et propriétaires, de 36 à 180 fr. par mois.

BRETAGNE (de), g. par *Levionnais*, rue des Moineaux, nº 18, q. du Palais-Royal, 39 lits d'artisans, de 6 à 20 fr. par mois.

BRETAGNE (de), g. par *Flamand*, rue Croix-des-Petits-Champs, nº 18, q. de la Banque de France, 18 numéros de propriétaires et rentiers, de 20 à 45 fr. par mois.

BRETAGNE (de), g. par *Pampin*, rue du Bouloy, nº 7, q. de la Banque de France, 38 numéros d'étrangers et propriétaires, de 10 à 60 fr. par mois. Il y a table d'hôte à 3 fr. 50 c.

BRETAGNE (de), g. par *Lecuit*, rue S.-André-des-Arts, nº 54, q. de l'École de Médecine, 48 numéros de négocians et voyageurs.

BRETAGNE (petit hôtel de), g. par *Flico-*

3.

teau, rue des Maçons, n° 30, q. de la Sorbonne, 20 numéros d'étudians.

BRETAGNE (petit hôtel de), g. par *Garreau*, rue et q. de l'École de Médecine, n° 32, 15 numéros d'étudians.

BRETEUIL (de), g. par *Brigaut*, rue de Rivoli, n° 22, q. des Tuileries, 60 numéros d'étrangers de marque.

BRETONVILLIERS (de), p. rue de ce nom, q. de l'Isle S.-Louis.

BREVANES (de), p. rue d'Orléans.

BREZOLLES (de), g. par *Croquefer*, rue de Grenelle S.-Germain, n.° 34, q. du faub. S.-Germain, 20 numéros d'étrangers et propriétaires.

BRIANÇON (de), g. par *Carlhian*, rue S. Thomas, n° 2, q. de la Sorbonne, chambres d'étudians et propriétaires.

BRIARDS (rendez-vous des), g. par *Lagnau*, rue du faubourg S.-Antoine, n° 159, q. du faubourg S.-Antoine, 12 pièces, 40 lits de cordonniers et autres.

BRIE (de), g. par *Guedon*, rue Cloche-Perche, n° 9, q. du marché S. Jean, 21 lits de marchands et négocians.

BRIE (petit hôtel de), g. par veuve *Potereau*, rue des Gravilliers, n° 62, q. de S.-Martin-des-Champs, 80 lits d'ouvriers et ouvrières.

BRIE (maison de), g. par *Nanteau*, rue

Galande, n° 47, q. S.-Jacques, 5 pièces d'ouvriers et ouvrières.

BRIENNE (de) ou de S.-Joseph, p. rue S.-Dominique, faubourg S.-Germain, n° 82.

BRIONNE (de) dit d'Armagnac, p. rue de Rivoli.

BRISSAC (de) dit du Ministre de la Guerre.

BRISTOL (grand hôtel de), g. par *Charmet*, rue des Moulins, n° 21, q. du Palais-Royal, 9 appartemens de propriétaires.

BRIZY (de), p. rue Sainte-Anne, n° 51.

BROGLIE (de), p. rue S.-Dominique, S.-Germain.

BROU (de), p. rue de l'Université.

BRUGES (de), g. par *Dumoulin*, rue Neuve des Bons-Enfans, n° 27, q. du Palais-Royal, 14 lits de négocians et propriétaires, de 10 à 120 fr. par mois.

BRUNE (de), p. rue Neuve des Mathurins.

BRUNOY (de), p. rue du faubourg S.-Honoré.

BRUXELLES (de), g. par *Petit*, rue de Richelieu, n° 45, q. du Palais-Royal, 31 numéros de négocians et propriétaires, de 24 à 240 fr. par mois. Table d'hôte, à

BRUXELLES (de), g. par *Richard*, rue Neuve des Bons-Enfans, n° 13, q. du Palais-Royal, 16 numéros de négocians et propriétaires , de 6 à 60 fr. par mois.

BRUXELLES (de), g. par *Béthery* , ruc et q. du Mail, n° 35 , 28 lits de négocians et propriétaires, de 20 à 150 fr. par mois.

BRUXELLES (de), g. par *Caneva* , rue de l'Arbre-Sec, n° 34, q. du Louvre, 12 pièces , 35 lits de tailleurs en chambrée.

BRUXELLES (de), g. par *Benoît* , rue Quincampoix, n° 52 , q. des Lombards, 13 lits d'ouvriers.

BRUXELLES (de), g. par *Vignevielle* , rue de Seine , S.-Germain , n° 40, q. de la Monnaie, chambres d'étudians et propriétaires.

BULLION (de), p. rue J.-J. Rousseau, n° 5. Il y a vente de meubles, linge, livres et tableaux.

BUSSY (de), g. par *Clément*, rue Villedot, n° 5 , q. du Palais-Royal, 10 pièces, 23 lits de banquiers et négocians, de 9 à 200 fr. par mois.

BUSSY (de), g. par *Blosse*, rue de Bussy, n° 6, q. de la Monnaie ; 30 chambres d'étudians, marchands et voyageurs.

C.

CADASTRE (du) ou maison Lebrun , rue de Cléry , n° 39, q. Montmartre.

CADORE (du duc de), rue de Grenelle S.-Germain, nº 91.

CADRAN (du), g. par *Tête*, rue du Cadran, nº 30, q. Montmartre, 18 numéros d'étrangers, militaires et rentiers, de 5 à 20 fr. par mois.

ADRAN (au), g. per *Gauthier*, rue S.-Jacques, nº 358, q. de l'Observatoire; 11 lits de vén. en chambrée.

ADRAN-BLEU (au), g. par *Cayet*, rue de Paradis, nº 7, q. du Faubourg-Poissonnière; chambres d'ouvriers.

CADRAN-BLEU (au), g. par veuve *Thiberville*, rue Grénetat, nº 34, q. de la Porte-S.-Denis; 25 lits de marchands et voyageurs.

CADRAN-BLEU (au), g. par *Fosse*, rue Neuve-S.-Denis, nº 40, q. de la Porte-S.-Denis; chambres d'ouvriers.

CADRAN-BLEU (au), g. par *Bouin*, rue Jean-de-l'Epine, nº 11, q. des Arcis; 24 lits d'ouvriers.

CADRAN-BLEU (au), g. par *Dussaux*, rue de la Vannerie, nº 29, q. des Arcis; 18 lits d'ouvriers et ouvrières.

CADRAN-BLEU (au), g. par *Petit*, rue de de la Joaillerie, place du Châtelet, nº 2, q. des Arcis; 6 lits de femmes et ouvriers à la nuit.

CADRAN-BLEU (au), g. par *Guillou*, rue

du Plâtre , n° 13 , q. du Mont-de-Piété;
12 lits de chapeliers.

CADRAN-BLEU (au), g. par *Thomeret* ,
rue du Caire, n° 4 , q. Bonne-Nouvelle,
chambrées de maçons.

CADRAN-BLEU (au), g. par *Marchand*,
rue Folie-Méricourt, n° 23, q. du Temple;
chambres d'ouvriers.

CADRAN-BLEU (au), g. par *Chauvet*, rue
des Gravilliers , n° 15 , q S.-Martin-des-
Champs; 2 lits d'ouvriers.

CADRAN-BLEU (au), g. par *Dupuich*, rue
Phelippeaux , n° 33 , q. S.-Martin-des-
Champs; 14 lits d'ouvriers.

CADRAN-BLEU (au), g. par *Javau*, rue des
Gravilliers , n° 21 , q. S.-Martin-des-
Champs ; 34 lits d'ouvriers.

CADRAN-BLEU (au), g. par *May* , rue des
Tournelles , n° 34, q. du Marais; chambres de marbriers.

CADRAN-BLEU (au), g. par *Delaqui* , rue
de Lappe , n° 41, q. Popincourt, 5 chambres d'ouvriers à la nuit.

CADRAN-BLEU (au), g. par *Kayser* , rue
S.te-Marguerite, n° 10 , q. du Faubourg-
S.-Antoine; 18 lits d'ouvriers.

CADRAN-BLEU (au), g. par veuve *Pillet*,
rue de la Mortellerie , n° 90 , q. de
l'Hôtel-de-Ville ; 18 lits d'ouvriers.

CADRAN-BLEU (au), g. par *Serret* , rue de

la Mortellere, n° 59, q. de l'Hôtel-de-
Ville ; 18 lits d'ouvriers.

CADRAN-BLEU (au), g. par *Duquesne*, rue
du Chevet-S.-Landry, n° 1, q. de la Cité.

CADRAN-BLEU (au), g. par *Marquet*, rue
de la Boucherie des Invalides, n° 21, q.
des Invalides ; 15 numéros d'ouvriers.

CADRAN-BLEU (au), g. par *Mège*, rue
Charretière, n° 3, q. S.-Jacques ; chambres de maçons.

CADRAN-BLEU (au), g. par *Mirablon*, rue
Charretière, n° 6, q. S.-Jacques, 5
pièces d'ouvriers.

CADRAN-BLEU (au), g. par veuve *Cha-
brolle* ; rue Charretière, n. 10, q S.-
Jacques ; chambres de maçons.

CADRAN-BLEU (au), g. par *Tabouret*, rue
des Lavandières, n° 6, q. S.-Jacques ;
chambres d'ouvriers.

CADRAN-BLEU (au), g. par *Fabre*, rue
Charretière, n° 4, q. S.-Jacques ; 3
chambres, 6 lits de maçons.

CADRAN-BLEU (au), g. par *Berry*, rue des
Lyonnais, n° 32, q. de l'Observatoire ;
6 chambres, 11 lits d'ouvriers à la nuit.

CADRAN-BLEU (au), g. par *Boutin*, rue
S.-Victor, n° 54, q. du Jardin-du-Roi ;
30 chambres, 60 lits de couverturiers et
d'ouvriers à la nuit.

CADRAN-BLEU (au), g. par *Bazin*, rue

Mouffetard, n° 159, q. S.-Marcel; 11 lits d'ouvriers en chambrée.

CADRAN-BLEU (au), g. par *Châtelet*, rue Mouffetard, n° 163, q. S.-Marcel; 11 lits de mégissiers en chambrée.

CADRAN-BLEU (au), g. par *Turbaux*, rue Mouffetard, n° 220, q. S.-Marcel; 5 lits d'ouvriers en chambrée.

CADRAN-BLEU (au), g. , *voir* BOULES (aux trois).

CADRAN-ROUGE (au), g. par *Valenq*, rue S.te-Placide, n° 15, q. S. Thomas-d'Aquin; 20 numéros de charpentiers.

CADRAN-ROUGE (au), g. par *Bordier*, rue S.-Victor, n° 119, q. du Jardin-du-Roi; 7 chambres, 18 lits d'ouvriers.

CADRAN-VERT (au), g. par *Gout*, rue Richer, n° 19, q. du Faubourg-Montmartre; chambres d'ouvriers.

CADRAN-VERT (au), g. par *Giffon*, rue du Pont - aux - Choux, n° 22, q. du Marais.

CADRAN-VERT (au), g. par madame *Muller*, rue S.-Nicolas, n° 11, q. des Quinze-Vingts; 2 lits d'ouvriers.

CAEN (maison de), g. par *Biarat*, rue S.-Denis, n° 300; cul-de-sac Basfour, n° 3, q. de la Porte-S.-Denis; 18 lits de marchands.

CAFFARELLI, p. rue de la Planche, n° 7,

et propriétaires, de 15 à 100 fr. par mois.

CLOCHE (à la), g. par *Floriet*, rue Beaujolois, n° 23, q. du Temple; 10 lits d'ouvriers et fripiers.

CLOCHE D'OR (à la), g. par veuve *Martel*, rue Grénetat, n° 35, q de la Porte-S.-Denis; 12 ch. 15 lits de march. et autres.

CLOVIS (de), g. par *Legay*, rue des Chollets, n° 3, q. S-Jacques; 20 pièc. d'étud.

CLUGNY (de), p. rue des Mathurins, n° q. de la Sorbonne.

CLUNY (anc. coll.), p. place et q. Sorbonne, n° 3.

COCARDE NATIONALE (à la), g. par *Boussuge*, rue des Fossés-S.-Germ l'Auxerr., n° 34, q. S.-Honoré; 10 lits de tailleurs, à 12 et 30 fr. par mois.

COCHES (rend.-vous des), g. par *Roussey*, quai des Ormes, n° 6; 4 lits de mariniers.

COCHES (de la cour des), *voir* RETIRO.

COIGNY (du duc de), p. rue de la Madeleine, n° 19.

COIN-D'OR (au), g. par *Maire*, rue des Deux-Portes, n° 22 et S.-Sauveur, n° 23, Montorgueil; chamb. de négocians.

COLBERT (de) p. rue du Croissant.

/anc. hôt. de l'amiral), p. rue

AL DE FRANCE (du), g. par

5

Gallard, rue S.-Jean-de-Latran , n.º 9 , q. S.-Jacques; 34 num. d'étudians.

COLLÈGE S.te - BARBE , p. *voir* BARBE, BAYEUX et autres.

COLMAR (de), g. par veuve *Jacquard* , rue des Vieux-Augustins , n.º 20 , q. du Mail; 4 lits de négoc. de 30 à 36 fr. par mois.

COLONNES (des), p. aux Champs-Elysées.

COLONNES (des), g. *voir* ROUEN.

COLONNES (des deux), rue S.-André-des- Arts , n.º 55.

COLONIES , *voir* MARINE , etc.

COLONIES (des), g. par *Gense* , rue de Richelieu , n.º 62 , q. Feydeau ; 25 num. de princes , négoc. et propriétaires.

COLONIES (des), g. par *Paris* , rue de Cléry , n.º 6 , q. Montmartre ; 14 pièces de nég. et propriét. de 12 à 50 fr. par m.

COLONIES (des), g. par *Perdreaux* , archit. rue S.-Dominiq.-S.-Germ. , n.º 39 , q. du Faub.-S.-Germ. ; 25 num. d'étr. et propr.

COMÈTE (de la), g. par *Leroy* , rue de la Comète , n.º 7 , q. des Invalides ; 28 num. de militaires et autres.

COMMERCE (du) dit Vantadour , g. par *Dufour* , rue Vantadour , n.ºs 7 et 9 , q. du Palais-Royal ; 16 ch. 15 cab. 23 lits de nég. et propr. à 30 s. par jour et au dessus. Il y a table d'hôte à 3 fr. 25 c.

COMMERCE (du), g. par *Jamin*, rue des Déchargeurs, n° 7, q. S.-Honoré ; 14 lits de négocians, de 20 à 30 fr. par mois.

COMMERCE (du), *voir* EUROPE.

COMMERCE (du), g. par *Boucher*, rue Neuve-S.-Denis, n° 19, q. de la Porte-S.-Denis, 18 lits de march. et voyag.

COMMERCE (du trib. de), p. rue du Cloître S.-Médéric.

COMMERCE (du), g. par M.lle *Manrad*, rue Bourg-l'Abbé, n° 23, q. de la Porte-S.-Denis ; 30 lits de march. et autres.

COMMERCE (du), g. par veuve *Gravet*, rue Bourg-l'Abbé, n° 40, q. de la Porte-S.-Denis ; 9 lits d'ouvr. et marchands.

COMMERCE (du), g. par *Gerbaud*, rue Quincampoix, n° 46, q. des Lombards ; 10 lits de marchands et ouvriers.

COMMERCE (rend.-v. du), g. par d'*Herbonez*, quai de la Tournelle, n° 5, q. du Jardin-du-Roi ; 15 lits de m.ds de vin et mariniers

COMMINGE (de), p. rue S.-Dominique.

COMMISSAIRE-DES-GUERRES (du), p. rue de Verneuil, n° 58, q. Faub.-S-Germ. On y paye les sous-offic. et sold., et place Vendôme, n° 6, les officiers.

COMPAS-D'OR (au), g. par *Bonjour*, rue et q. Montorgueil, n°s 80 et 81 ; 18 lits

d'empl. propr. roul. et voyag. à 30 s. et
plus par jour.

COMPTABILITÉ, *voir* COUR-DES-COMPTES.

CONDÉ (de), p. rue de Fleurus, n° . ;
q. du Luxembourg.

CONDÉ (de), g. par *Millot*, rue du Paon,
n° 7 ; q. de l'Ec.-de-Méd. ; 9 num. d'étud.

CONDÉ (pet. hôt. de), g. par M.me *Itié*,
rue de Courty, n° 7, q. du Faub.-S.-
Germ. ; 12 num. de propriétaires.

CONÉGLIANO (de), p. rue du Faub.-S.-
Honoré, n° 73.

CONNÉTABLE (du), g. par *Lefèvre*, rue de
la Bibliothèque, n° 10, q. S.-Honoré ;
20 lits d'empl. et négoc. de 12 à 40 fr.
par m. et à la nuit. On y dîne à tous prix.

CONFÉDÉRATION-SUISSE (de la), p. rue
Royale, n° 11, M. de Tschann, chargé
d'affaires, et M. Falquet, secrét.-d'Etat
du canton de Genève.

CONGRÉS (du), g. par *Blerzy*, rue S.-Ho-
noré, n° 364, q. de la Place-Vendôme,
30 num. de génér. et propr. de marq. de
30 à 800 fr. par mois.

CONSEIL (anc. hôt. du) *voir* ALIGRE, rue
S.-Honoré.

CONSERVATOIRE-DE-MUSIQUE (du), p.
rue du Faub. Poissonnière et Bergère,
n°   q. du Faub.-Montmartre.

CONSERVATOIRE-DES-ARTS-ET-MÉTIERS
(le), p. rue et abbaye S.-Martin, nº 210
q. S.-Martin-des-Champs.

CONSULS (des), p. *voir* TRIB.-DE-COMM.

CONTADES (de), p. rue d'Anjou, nº ,
et de Surennes, nº 25, q. du Roule.

CONTRESCARPE, g. par *Ravelet*, rue Contrescarpe, nº 12, q. S.-Jacques ; 8 ch.
d'étudians et officiers.

CONTRIBUTIONS-DIRECTES (des), p. cul-
de-sac d'Argenson, Vieille rue du Temple, nº 26, q. Marché-S.-Jean. Les con-
tribuables doivent adresser leurs réclamat.
sur papier timbré à M. le Préfet de la
Seine, et les porter à la Mairie qui en
donne reçu.

CONTRIBUTIONS - INDIRECTES (des), p.
rue S.-Avoye, hôt. de Mesmes, nº 44.

CONTY (de), g. par *Duperay*, rue du Bouloy, nº 17. q. de la Banque-de-France ;
41 num. de négoc. et propr. de 18 à 150 f.
par mois. Il y a table d'hôte à 3 fr. 75 c.
et à 4 fr.

COQ-HARDY (au), g. par veuve *Hardy*,
rue du Cadran, nº 5, q. Montmartre ;
chambres d'ouvriers à la nuit.

COQUENARD, g. par *Leconteur*, rue et cul-
de-sac Coquenard, nº 20, q. Faubourg-
Montmartre ; 2 lits d'ouvriers.

COQUILLE-D'OR (à la), g. par veuve *Mar-ty*, rue S.-Martin, n° 191, q. de la Porte-S.-Denis ; 3 lits de bouchers et voyag.

COQUILLES (des), g. par *Deshars*, rue des Coquilles, n° 1, q. des Arcis ; ch. d'ouv.

COQUILLIÈRE, g. par *Désnoyers*, traiteur, rue Coquillière, n° 23, q. de la Banque-de-France ; 30 num. d'offic. et négoc. de 30 à 140 fr. par mois.

COSMORAMA, Palais-Royal, galerie de Pierre, n° 231. On y voit les sites de l'Inde, de l'Arabie, de l'Afrique, de la Russie, de la Sibérie, de S.te-Hélène, etc., etc. Prix 30 s.

CORBERON, p. rue Barbette.

CORRESPONDANCE (de la), p. rue Neuve-S.-Augustin.

CORRESPONDANCE génér. et d'affair. (bur. de), par M. *Mondor*, homme de loi, rue S.-Sauveur, n° 43.

COSSÉ (de), p. rue Pot-de-fer.

CÔTE-D'OR (de la) ou de Marivaux, g. par *Champeaux*, rue de Marivaux, n° 9, q. Feydeau ; chambr. d'artist. et rentiers.

CÔTE-D'OR (de la), g par *Crezes*, rue S.-Denis, n° 249, q. Montorgueil.

CÔTE-ROTIE (à la), g. par *Gibory*, cour S.-Guillaume, n° 8, q. du Pal.-Royal ; 12 chamb. de 10 à 30 fr. par mois.

CÔTE-ROTIE (à la), g. par *Brazier*, rue S.-Denis, n° 87, q. des Marchés ; ch. de marchands et ouvriers.

COUR-DES-COMPTES (de la) ou Comptabilité, p. cour de la S.te-Chapelle.

COURIERS (rend.-v. des), *voir* POSTES.

COURLANDE (de), g. par *Dubray*, rue S.te-Anne, n° 45, q. du Pal.-Royal ; 14 num. de négoc. et propr. de 9 à 50 fr. par mois.

COURONNE (de la), g. par *Ozil*, rue de Chartres, n° 11, q. des Tuileries ; 30 num. de négoc. et propriétaires.

COURONNE (de la). g. par *J.h Bon*, rue Bourbon-Villeneuve, n° 16, q. Bonne-Nouvelle.

COURONNE-DE-FRANCE (à la), g. par *Diophy*, rue du Paon, n° 5, q. du Jardin-du Roi ; chamb. d'ouvr. de tous états.

COURONNES (aux trois), g. par *Pêche*, rue des Nonaindières, n° 7, q. de l'Hôtel-de-Ville ; chambres d'ouvriers.

COURTY (de), g. par *Sarrazin*, rue de Courty, n° 6, q. du Faub.-S.-Germ. ; 9 num. d'officiers supérieurs.

CRÉQUI (de), p. *voir* BÉTHUNE.

CREUSE (réun. de la), g. par *Dethère*, rue de la Vieille-Monnaie, n° 25, q. des Lombards, 26 lits de maçons.

CROISSANT (du), g. par *Vitu*, rue du Croissant, n° 12, q. Montmartre ; 22 chambr. de négoc., milit. et ouvriers, de 10 à 35 fr. par mois.

CROISSANT (au), g., par *Laffontan* fils, rue des Gravilliers, n° 49, q. S.-Martin-des-Champs ; 31 lits d'ouvriers.

CROISSANT-D'OR (au), *voir* DIABLES-DE-PROVENCE.

CROIX-BLANCHE (à la), *voir* CANTONS-SUISSES.

CROIX-BLANCHE (à la), g. par *Bourgeault*, rue Grénetat, n° 50 (*bis*), q. de la Porte-S.-Denis ; 24 lits de march. et autres.

CROIX-DE-LORRAINE (à la), g. par veuve *Bedon*, rue du Faub.-S.-Antoine, n° 180, q. des Quinze-Vingts ; 5 lits de farin. et voituriers.

CROIX-DE-LORRAINE (à la), g. par *Durand*, rue du Jour, n° 21, q. S.-Eustache; 12 pièces de march. et roul., de 20 à 30 s. par jour.

CROIX-DE-LORRAINE (à la), g. par *Lecat*, rue Grénetat, n° 15, q. de la Porte-S.-Denis : 18 lits de march.

CROIX-D'OR (à la), g. par *Berché*, rue de la Pépinière, n° 84, q. du Roule ; 4 ch. d'ouvriers.

CROIX-D'OR (à la), g. par *Toutain* ; rue

de Clichy, n° 4, q. de la Chaussée-d'Antin ; 14 num. d'ouvriers.

CROIX-D'OR (à la), g. par *Maisonseul*, rue des Tournelles, n° 11, q. du Marais, 16 lits d'ouvriers.

CROIX-D'OR (à la), g. par *Trichard*, rue des Cordiers, n° 14, q. de la Sorbonne ; 4 pièces d'ouvriers paveurs.

CROY (de), p. rue du Regard.

CROY-D'HAVRÉ (de), p. rue de Bourbon, n° 86.

CUIRASSIER (au), g. par veuve *Gérard*, rue de la Vannerie, n° 15, q. des Arcis ; 8 lits d'ouvr. et ouvrières à la nuit.

CULTES (du minist. des), *voir* SOIECOURT.

CURLANDE (de), *voir* COURLANDE.

CYR (S.), p. rue des Francs-Bourgeois.

D.

DANEMARCK (de l'ambass. de), p. rue Bergère, n° 4.

DANEMARCK (de), g. par *Verrière*, rue Froidmanteau, n° 19, q. des Tuileries ; 12 num. d'empl. et propriétaires.

DANEMARCK (de), g. par *Settier*, rue S.te-Anne, n° 27, q. du Pal.-Royal ; 8 appart. 9 ch., 22 lits d'étrang. et négoc., de 25 à 100 fr. par mois.

DANEMARCK (de), g. par *Guy*, rue Neuve-

S.-Augustin, n° 9, q. Feydeau ; 30 num.
de négoc. et propriét.

DANEMARCK (de), g. par *Rousset*, rue
Mazarine, n° 38, q. de la Monnaie.

DARBONNE (de), p. rue de Vendôme.

DAUPHINE, g. par *Rible*, rue Dauphine,
n° 35, q. de l'Ecole-de-Médec. ; 24 num.
de négoc. et propriét.

DAUPHINÉ (du), g. par *Patras*, rue du
Petit Reposoir, n° 5, q. du Mail ; 20 lits
d'artisans, de 15 à 80 fr. par mois.

DÉGRÉS (aux grands), g. par *Bouvrain*,
rue de la Bucherie, n° 2, q. S.-Jacques.

DELAAGE, p. rue Grange-Batelière.

DELESSERT, p. rue Coq-Héron, n° 3.

DEMMENIE (spect. de MM.), *voir* VITRI-
FICATION.

DÉPARTEMENS-RÉUNIS (des), g. par *Alix*,
rue du Bouloy, n° 17, q. de la Banque-
de-France ; chamb. de négoc. et rentiers.

DÉPARTEMENT (du), p. *voir* PRÉFECTURE.

DÉPUTÉS (ch. des), *voir* PAL.-BOURBON.

DERVIEUX, p. rue Chantereine.

DESCHAMPS (café), g. par *Deschamps*,
rue Dauphine, n° 45, q. de l'Ecole-de-
Médec. ; chamb. d'étud. et négoc.

DÉSIR DE LA PAIX OU DE RÉUSSIR (au),
dit hôt. du Petit-Suisse, g. par *Lacroix*,
rue du Faub.-S.-Antoine, n° 90, q. des
Quinze-Vingts ; chamb. d'ouvriers.

DÉSIR-DE-RÉUSSIR (au), g. par *Brocheton*, rue S.-Antoine, n° 202, q. de l'Arsenal ; 4 lits d'ouvr. et voyag.

DESSEIN (café), g. par *Dessein*, rue S.-Denis, 251 , q. Montorgueil ; ch. d'artis.

DEUX-PONTS (des), *v.* PONTS ET SICILES.

DIABLES-DE-PROVENCE (aux bons), g. Par *Fabre*, traiteur, ci-dev. au Croissant-d'or ou hôt. du Maine, rue des Fossés-S.-Germ.-l'Auxerr., n° 38, q. S.-Honoré ; 18 lits de nég, et propr., de 12 à 30 fr. par mois.

DICKMER , p. rue de la Chaussée-d'Antin.

DIEU (hôt), place du Parvis Notre-Dame en la Cité.

DIEU , *voir* GARDE et GRACE DE DIEU.

DIJON (de), g. par M.lle *Noël*, rue d'Argenteuil, n° 5, q. du Pal-Royal ; 10 ch. 20 cabin. et 33 lits de coutur., à 6 et 25 fr. par mois.

DILIGENCES ou MESSAGERIES (des) p. rue Notre-Dame-des-Victoir., n° 24 et Montmartre, n° 107, cul-de-sac S.-Pierre.

DILIGENCES (rend.-v. des), g. par *Chabot*, rue Montmartre, n° 126, q Montmartre; 16 pièces de march., négoc. et voyag.

DILLON (de), p. rue du Bac.

DOMAINES (des), p. rue de Choiseul.

DOMAINES (bur. de l'administ. des), p. rue Neuve du Luxembourg, n° 8.

DOMINGUE (S.), g. par M lle *Langlois*, marché S.-Honoré, n° 15, q. Pal.-Royal; 5 appart., 4 chamb. de négoc. et propriét.

DONZEL (maison), g. par *Donzel*, rue de Bourgogne, n° 35, q. St.-Thomas-d'A-quin; 18 lits d'offic., déput. et propriét., de 20 à 60 fr. par mois.

DOUANES (des) dit d'Usès, p. rue Mont-martre, n° 176, q. Montmartre.

DOUVRES (gr. hôt. de), g. par M lle *Morel*, rue de la Paix, n° 21, q. de la Place-Vendôme, ch. de propriétaires.

DRÉE (du marq. de), p. rue S.-Dominique, faub. S-Germ., n° 11.

DREUX (à la ville de), g. par *Barraly*, rue Béthizy, n° 4, q. S.-Honoré; chamb. d'empl. et rentiers.

DUBRETON, p. rue de l'Université.

DUMESNIL (mais.), g. par M.me *Sevrie-Dumesmil*, marché S.-Honoré, n° 17, q. du Pal.-Royal; toute la maison fraî-chement meublée pour étr., nég. et propr.

DUPANIER, p. rue de Bourgogne.

DUPHOT, g. par *Lepreux*, rue Duphot, n° 20, q. de la Place-Vendôme; 6 lits d'offic. et propr., de 30 à 60 fr. par mois.

DURAS (de), p. rue du Faub. S.-Honoré, n° 64, q. du Roule.

DUSSELDORF (de), g. par *Hustoff*, rue

des Petits-August., n° 3, q. de la Monnaie; 15 chambr. de propr. et autres.

E.

EAUX ET FORÊTS (admin. gén. des), p. rue Neuve-S.-August, n° 23.

EAUX-THERMALES (des), rue S.-Lazare, n° 88.

ECHIQUIER (de), g. par *Oyon*, rue du Faub.-S -Denis; n° 33, q. du Faubourg-Poissonnière; 12 pièces, 17 lits de voyag. de 8 à 30 fr. par mois.

ECOLE-DE-DROIT (de), g. par *Becheyras*, rue S.-Jacques, n° 74, q. de la Sorbonne; 12 num. d'étudians.

ECOLE-DE-DROIT (de l'), g. par *Granet*, rue du Petit-Lion, n° 4, q. du Luxemb.; 14 num. d'étudians.

ECOLE-DE-DROIT (de l'), place S.te-Genev. q.-Jacq., près le Panthéon.

ECOLE-DE-MÉDECINE (café de l'), g. par *Bodereau*, rue des Mathurins, n° 12, q. de la Sorbonne; chambr. d'étudians.

ECU (de l'), g. par *Henry*, rue Verdelet, n° 11, q. Montorgueil; ch. de m.ds de beurre.

ECU (de l'), g. par *Calais*, rue S.-Dominique-d'Enfer, n° 17, q. de l'Observat.; 19 num. de march. et voyag.

ÉCU-DAUPHIN (à l'), g. par veuve *Bazot*, rue Bourg-l'Abbé, n° 9, q. de la Porte-S.-Denis ; 20 chamb. de march. et voyag.

ÉCURIES-DU-ROI (des) dit de Chevreuse ou de Rambouillet, p. place du Carrousel, maison Longueville, q. des Tuileries.

ÉCURIES-DU-ROI (des), p. rue S.-Thom.-du-Louvre, n° 3 ; q. des Tuileries.

ÉCUS (des deux), g. par *Bombereau*, rue des Deux-Ecus, n° 9, q. S.-Eustache ; 30 num. de négoc. et rentiers.

ÉCUSSON (de l'), ci-dev. de l'Aigle, à l'Estaminet, g. par *Gosselin*, rue Beaurepaire, n° 21, q. Montorgueil ; une chambrée de cordonn. et autres.

ÉGMONT (d'), p. rue de Louis-le-Grand.

ELBŒUF (d'), p. pl. du Carrousel, n° 16, *voir* CENT-SUISSES.

ÉLOY (au gr. S.-), g. par *Barbier*, Vieille-rue-du-Temple, n° 99, q. du Mont-de-Piété ; 10 lits de maréchaux ferrant.

ÉLYSÉE (de l') g. par *Maillet*, rue de Bourbon, n° 7, q. Faub. S.-Germain, 21 num. d'étrang. et propriétaires.

ÉLYSÉE-BOURBON (pal. de l'), rue du Faub. S.-Honoré, n° 67, q. des Champs-Elys.

EMPEREURS (des), g. par *Morin*, rue de Grenelle, n° 22, q. de la Banq.-de-Fr ; 33 num. d'étrang., nég. et propr., de 15 à 70 fr. par mois.

EQ. 63

EMPIRE (de l'), g. par *David*, rue d'Artois, nº 13, q. de la Chaussée-d'Antin ; 10 appart. et 30 num. d'ambass., étrang. nég. et propriét.

EMPIRE (de l') g. par *Leclerc*, rue du Bouloy, nº 20, q. de la Banq.-de-France ; 25 num. de propr. et rent., de 15 à 100 fr. par mois.

ENFANS (des Bons), g. par *Morizot*, rue des Bons-Enfans, 31, q. Pal. Royal ; 16 chambr., 25 lits de nég. et propriét.

ENFANS (aux Bons) ; g. par *Raimbaux*, rue de la Tournelle, nº 4, q. St-Jacques ; 3 chambr., 12 lits de mariniers.

ENFANS (rend. v. des Bons), g. par *Georget* fils, rue de la Tannerie, nº 14, q. des Arcis.

ENFANS-RÉUNIS (aux bons), g. par *Copin*, rue S.-Victor, nº 32, q. du Jardin-du-Roi ; chamb. de cloutiers.

ENFANTIN, p. rue Coq-Héron.

ENTONOIRS (aux Trois), g. par *Léger* et *Gaty*, rue S.te-Marguerite, nº 7, q. du Faub.-S.-Ant. ; 25 lits de figuristes.

ENTRAGUES (d'), p. rue de Tournon

EPERNON (d'), p. Vieille-rue-du-Temple, nº 124.

EQUERRE (à l'), g. par *Germain*, rue de la Vannerie, nº 34, q. des Arcis ; 32 lits d'ouvr. et ouvrières.

ERMITAGE (à l') g. par *Dubois*, passage du marché d'Aguesseau, n° 10, q. de la Place-Vendôme ; ch de coutur. à la nuit.

ERMITAGE (à l'), g. par *Leclere*, rue du Faub.-S.-Jacques, n° 31, q. de l'Observ. 7 lits d'ouvriers.

ESCLIGNAC (d'), p. rue du Faub.-S.-Hon.

ESLING (d'), p. rue de Bourbon, n° 94.

ESPAGNAC (d'), p. rue d'Anjou.

ESPAGNE (de l'ambassad d'), p. rue de Bourbon, n° 74 ; M. Peralada, ambass. et M. le chevalier de Salmon, chargé d'affaires.

ESPAGNE (d'), g. par *Breton*, rue S.-Nicaise, n° 6, q. des Tuileries ; 26 num. d'empl. et négocians.

ESPAGNE (d'), g. par *Malard*, rue de Richelieu, n° 61, q. Feydeau ; 25 numéros d'étrang., négoc. et officiers.

ESPAGNE (d'), g. par *Monière*, rue du Colombier, n° 28, q. de la Monnaie ; 20 chamb. de marchands.

ESPAGNE (d'), g. par *Brun*, rue S.-Jacq., n° 124, q. Sorbonne ; 17 num. d'étud.

ESPÉRANCE (à l') g. par *Domergue*, rue de la Vannerie, n° 30, q. des Arcis ; 30 lits de coutur. à la nuit.

ESPÉRANCE (à l'), g. par *Boucher*, rue des Jardins, n° 11, q. de l'Arsenal ; 30 lits d'ouvriers.

ESPÉRANCE (de l') , g. par *Micop*, rue de la Mortellerie , n° 128 , q. de l'Hôt.-de-Ville ; 16 lits d'ouvriers.

ESPÉRANCE (à l') , g. par *Gourdet*, place Maubert , n° 30 , q. S.-Jacques ; 2 pièces d'étudians et artisans.

ESPRIT (du S.) , g. par *Mulin*, rue Jean-de-l'Epine , n° 15 , q. des Arcis ; 20 lits de march. , colport. et ouvriers.

ESPRIT (du S.) , g. par *Vidus*, rue Mau-buée , n° 18 , q. S.-Avoye ; 15 pièces, 34 lits d'ouvriers.

ESPRIT (du S.) , g. par *Clément*, rue Neuve S.-Merry, n° 31 , q. S.-Avoye ; 18 lits de bourgeois et marchands.

ESPRIT (du S.) et de ROUEN , g. par *Chau-liac*, rue Geoffroy-l'Asnier , n° 34 , q. de l'Hôt.-de-Ville ; 20 lits d'ouvriers.

ESPRIT (du S.) , g. par *Maire*, rue du Mattrois , n° 24 , q. de l'Hôtel-de-Ville ; chambr. de march. et voyag.

ESTISSAC (du duc d') , p. rue de Grenelle-S.-Germain , n° 104.

ESTRAPADE (de l') , g. par veuve *Gouault*, rue des Postes , n° 2 , q. de l'Observat. ; 26 num. d'étudians.

ESTRÉES (d') , p. *voir* HARCOURT.

ETAT-MAJOR DE LA 1.re DIV. MIL. (de l'), place Louis XV , n°. 8.

ÉTAT-MAJOR DE LA PLACE DE PARIS (de l'), place Vendôme, n° 7.

ÉTAT-MAJOR DE LA GARDE-ROYALE (de l'), rue Neuve-des-Capucines, n° 10.

ÉTAT-MAJ. DE LA GARDE-NATION. (de l'), rue Lepelletier, n° 10.

ÉTATS-GÉNÉRAUX (des), g. par *Lacroix*, rue S.te-Anne, n° 36, q. du Pal.-Royal; 12 num. de négoc. et propr., de 12 à 60 fr. par mois.

ÉTATS-GÉNÉRAUX DE HOLLANDE (des), p. Vieille rue du Temple, n° 51,

ÉTATS-UNIS (des), g. par *Desienne*, rue Gaillon, n° 11, q. Feydeau; 30 num. de négoc. et propriét.

ÉTATS-UNIS (des), g. par M.me *Boudet*, rue Notre-Dame-des-Victoires, n° 9, q. du Mail; 27 lits de négoc. et propr., de 30 à 150 fr. par mois.

ÉTATS-UNIS (des), g. par *Harant*, rue de la Verrerie, n° 66, q. S.-Avoye; 16 lits de négoc. et propriét.

ÉTATS-UNIS (des), g. *voir* AMÉRIQUE et PÈRES (petits).

ÉTOILE (à l'), g. par *Lecoq*, passage de l'étoile, n° 5, q. Bonne-Nouv.; chamb. de coutur. à la nuit.

ÉTOILE (à l'), g. par *Capriola*, rue des Arcis, n° 7, q. des Lombards; 11 lits de tailleurs de pierre et à la nuit.

ETOILE (à l') ou à l'Etoile d'argent, g. par *Chaussard*, rue Jean-de-l'Epine, n° 9, q. des Arcis ; 16 lits de maçons.

ETOILE (à l'), g. par *Aubonnet*, place de l'Estrapade, n° 22, q. de l'Observat. ; 1 cabin. d'étudians.

ETOILE (à la belle), g. par d'*Herbonnez*, quai de la Tournelle, n° 5, q. du Jard.-du-Roi ; 10 lits de mariniers.

ETOILE DE ROUEN, *voir* VOYAGEURS.

ETOILE-D'OR (à l'), g. par *Guenant*. rue des Gr.-Augustins, n° 10, q. de l'Ecole-de-Médecine ; 21 num. d'étudians.

ETOILE-DU-NORD (à l'), g. par *Turbous*, rue S.-Honoré, n° 329, q. des Tuileries; 15 lits de nég. et propr., de 12 à 60 fr. par mois.

ETOILE-ROUGE (à l'), g. par *Pain*, rue du Faub.-S.-Martin, n° 87, q. du Faub.-S.-Denis ; 21 lits d'ouvr. et rent., de 6 à 10 fr. par mois.

ETRANGERS (pet. hôt. des), g. par *Deffourches*, rue de Rohan, n° 18. q. des Tuileries ; 25 num. d'empl., rent. et ouvr., de 9 à 35 fr. par mois.

ETRANGERS (des), g. par *Sommesson*, rue S.-Nic.-d'Antin, n° 36, q. de la Place-Vendôme ; 40 num. de propr. et rentiers.

ETRANGERS (des), g. par *Robinot*, rue

Vivienne, n° 3, q. Feydeau, 40 num. d'étrang., négoc. et officiers.

ÉTRANGERS (des), g. par *Meriel*, rue du Hazard, n° 5, q. du Pal.-Royal; 12 num. de banq., nég. et propr., de 15 à 200 fr. par mois.

ÉTRANGERS (des), ci-dev. de Montauban, g. par *Mignot*, rue de la Jussienne, n° 20, q. S.-Eustache; 17 pièces d'étrangers et propriét., de 6 à 40 fr. par mois.

ÉTRANGERS (des), g. par *François* dit *Richard*, rue Croix-des-pet.-Champs, n° 21, q. de la Banque-de-Fr.; 24 num. 45 lits d'étrang. et nég., de 8 à 30 fr. par mois.

ÉTRANGERS (des), g. par *Pigorre*, boulev. du Temple, n° 7, q. du Temple; 4 ch. d'offic. et négocians.

ÉTRANGERS (des), g. par M.me *Loyer*, rue Pavée, n° 6, q. du Marché-S.-Jean; chamb. d'ouvr. et marchands.

ÉTRANGERS (des), g. par *Brichet*, rue du Dragon dit Sépulchre, n° 1, q. de la Monnaie; 11 chambr. de marchands.

ÉTRANGERS (des), g. par *Gauthier*, rue de Beaune; n° 33, q. du Faub.-S.-G.; 8 num. de rentiers.

ÉTRANGERS (des), g. par *Painceq*, rue des Deux-Portes, n° 4, q. de l'Ecole-de-Médec.; 28 num. d'étudians.

ETRANGERS (des), *voir* WURTEMBERG

EUGÈNE (d'), p. rue de Bourbon, n° 74.

EUROPE (de l'), g. par *Degosse*, rue de
Richelieu, n° 111, q. Feydeau; 40 num.
d'ambass., princes et négoc.

EUROPE (de l'), g. par M.lle *Dupré*, rue
de Valois, n° 4, q. du Palais-Royal;
4 appart., 24 ch., 32 lits d'étrang. de
marque et négoc., de 45 à 400 fr. par m.

EUROPE (de), g. par *Debellair*, rue Duphot,
n° 22, q. de la Place-Vendôme; 8 num.
d'étrang. et propriét.

EUROPE (de l'), ci-dev. du Commerce,
g. par *Chevallerie*, rue Bourb-Ville-Neuv.,
n° 31, q. Bonne Nouv.; 20 lits de march.

UROPE (café de l'), g. par *Buhmer*,
boulev. du Temple, n° 30, q. du Temple;
4 lits d'empl. et marchands.

VÊCHÉS (des Trois), g. par *Villard*, rue
Guérin-Boisseau, n° 21, q. de la Porte-
S.-Denis; 35 lits d'ouvriers.

EVREUX (d'), ci-dev. Joachim, p. rue du
Faub.-S.-Honoré.

F.

FARGEAU (S.), p. rue Cult.-S.te-Cather.

FAUTRIÈRE (de la), p. rue des Fossés-S.-
Germ.-des-Prez.

FAVART, g. par M.lle *Mestrallet*, rue de

Marivaux, n° 5, q. Feydeau ; 12 num. d'étrang. et négocians.

FAYETTE (de la) ; p. *voir* SÉGUR.

FÉNÉLON, p. rue S.-Louis, q. de l'Isle-S.-Louis.

FERMES (des) aux Messageries, rue du Bouloy, n° 24 et de Grenelle-S.-Hon., n° 55. Il y a un garni tenu par *Dubois*, pour les voyageurs.

FERRAND, p. rue de la Chaussée-d'Antin.

FESCH, p. *voir* MONTFERMEIL.

FEUILLANS (des) p. rue S.-Honoré.

FEYDEAU, g. par *Sizler*, rue Feydeau, n° 4, q. Feydeau ; 15 num. d'étr., nég. et prop.

FIDÉLITÉ (de la), g. par *Reydellet*, rue S.-Antoine, n° 178, q. de l'Arsenal ; 15 lits d'officiers et bourgeois.

FIEUBERT, p. *voir* MAREIL.

FILLES-DU-CALVAIRE (des), v. CALVAIRE.

FINANCES (du min. des), ci-dev. Pontchartrain, rue Neuve-des-pet.-Champs, n° 40, q. Feydeau. Audienc. publ. les 1.er et 3.e mardi à 3 heures.

FLANDRE (g. hôt. de), g. par *François*, rue N.-D.-des-Vict. n° 4 q. du Mail ; 30 lits de négoc., étrang. et propriét.

FLANDRE (de), g. par *Gosselet*, rue de la Monnaie, n° 28, q. du Louvre ; 7 pièc., 30 lits de tailleurs en chambrée.

FLANDRE (de), g. par *Notta*, rue Grénetat,

n° 4, q. de la Porte-S.-Denis ; 27 lits de march. et voyag.

FLANDRE (de), g. par M.me veuve *Six*, rue Simon-le-Franc, n° 27, q. S.te-Avoye, 18 lits d'ouvriers.

FLANDRE et D'ARTOIS (maison de), g. par *Pillet*, rue de Cluny, n° 3, q. Sorbonne, chambr. d'étudians.

FLANDRE (de), g. ci-dev. Café des Arts, par *Badois*, rue S.-And.-des-Arts, n° 44, q. de l'Ecole-de-Médec. ; 8 num. d'étud.

FLANDRE (de), g. par veuve *Audirac*, rue Dauphine, n° 40, q. de la Monnaie ; 36 chamb. de négoc. et propriét.

FLEURY (de), g. par *Gardin*, rue S.te-Anne, n° 42, q. Feydeau ; 15 n. d'offic. et nég.

FLEURY (de), g. par *Prat*, rue de la Bibliothèque, n° 8, q. S.-Honoré ; 21 lits d'empl. et rent., de 8 à 30 fr. par m.

FLEURY (de), p. rue des SS.-Pères.

FLEURY (de), p. rue Neuve-N.-D.-des-Ch.

FLORE (pavillon de), *voir* ANVERS.

FLORENCE (de), g. par *Gaillot*, rue Caumartin, n° 31, q. de la Place-Vendôme ; chamb. de rentiers.

FLORENTIN (S.), p. carref. de la Ville-l'Ev.

FOY (S.te) p. rue Basse-du-Rempart.

FOLIE-MÉRICOURT (de la), g. par *Cauvin*, rue Folie-Méricourt, n° 25, q. du Templ. 10 lits d'offic., march. et ouvriers.

FOLIE-TITON (de la), rue de Montreuil.

FONTAINES-DE BOURGOGNE (aux sources des), g. par *Berga*, rue des Fossés-S.-Bernard, n° 10, q. du Jardin-du-Roi; 10 lits de march. de vins.

FORCE (de la), p. rue des SS -Pères.

FORÊTS (de l'adm. gén. des), rue Neuve-S.-Augustin, n° 23.

FORTIFICATIONS (du dépôt gén. des), p. rue de l'Université, n° 94.

FORTIN, p. rue dn Faub.-du-Roule.

FOULON, p. rue des Fossés-du-Temple.

FOURCY (de), g. par *Adam*, rue de Fourcy, n° 5, q. de l'Hôt.-de-Ville ; chamb. de domestiq. et cabinets particul.

FRANCE (collége de), place Cambray.

FRANCE, (de), g. par mad. *Deville*, rue Duphot, n° 6, q. de la Pl.-Vend. ; ch. de nég. et propriét.

FRANCE (de), g. par *Pasquin*, rue Coq-Héron, n° 7, q. du Mail ; 22 lits de nég. et propriét., de 30 à 200 fr. par mois.

FRANCE (de), g. par M.me *Boitel*, rue des Deux-Ecus, n° 13, q. Banque-de-France; 25 num. de nég. et propr., de 15 à 60 fr. par mois.

FRANCE (de), g. par *Scellier*, rue du Pélican, n° 8, q. de la Banq.-de-Fr. ; 16 num. de négoc. et ouvrières à la nuit.

FRANCE (de), g. par *Huet*, rue Pierre-

Lescot, n° 16, q. S.-Honoré ; 23 lits de négoc., de 10 à 30 fr. par mois et à la nuit. *Voir aussi* RIVOLI.

RANCE (gr. hôt. de), g. par *Defos*, rue S.-Sébastien, n° 44, q. Popincourt ; ch. d'offic. et propriét.

FRANCE (de), g. par *Mondelot*, rue des Nonaindières, n° 4, q. de l'Arsen. ; 3 lits d'offic.

FRANCE (de), g. par *Florent*, rue de Seine, n° 59, q. de la Monnaie, 34 ch. de mds.

FRANCE (de), g. par veuve *Ventrei*, rue de Beaune, n° 5, q. du Faub.-S.-Germ ; 24 num. d'offic. et propriét.

FRANCE (de), g. par *Plassiard*, rue du Paon, n° 5, q. de l'Ecole-de-Médecine ; 14 num. d'étudians.

FRANCE ET CHAMPAGNE (de), g. par veuve *Laprime*, rue Montmartre, n° 134, q. Montmartre ; 34 pièces de négoc. et propr. de 15 à 80 fr. par mois.

FRANCFORT (de), ci-dev. d'Anvers, g. par *Faivret*, rue Taitbout, n° 4, q. de la Chauss.-d'Antin ; 10 num. de nég. et propr.

FRANCFORT (gr. hôt. de), g. par *Robert*, rue des Vieux-Augustins, n° 11, q. du Mail ; 21 lits de nég. et propr., de 15 à 150 fr. par mois.

FRANCONI fils, directeurs privilégiés (spect. de MM.), ou Cirque-Olympique, rue du Faub. et q. du Temple ; n° 16. Salle ouverte le 9 fév. 1817. Elle est construite de manière à réunir toute l'élégance et la commodité désirables.

FRANC-PICARD (au), g. par *Maillard*, rue de la Tonnellerie, n° 99, q. Montorgueil; 10 lits de m. ds de beurre, de 8 à 24 f. par m.

FRANCS-COMTOIS (des), g. par *Leclerc*, rue du Milieu-des-Ursins, n° 5, q. de la Cité; 12 lits de négoc. et propriétaires.

FRARY, dit de Celle, rue et q. Montmartre; n. 84. Il y a 75 locat., cercle et salons littér. et un beau mag. de librairie tenu par M. *Debray*.

FRASCATI (de), p. et g. par le sieur *Vaulont* et M.lle *Balasse*, rue de Richelieu, n° 108, q. Feydeau; chambr. de négoc.

FRAUX (mais.), g. par *Fraux*, rue Hauteville, n° 37, q. du Faub.-Poissonn.; 28 lits de rentiers et autres.

FRÈRES (aux deux), g. par *Labrousse*, rue de Sèvres, n° 145, q. S.-Thom.-d'Aquin; chambr. d'offic. et rentiers.

FRÈRES (aux Quatre), g. par *Morel* dit *Beau-Désir*, boulev. et q. du Temple, n° 5; chambr. d'offic. et autres.

FRÈRES-MAÇONS (des 7), g. par *Gardera*, rue de Grenelle, n° 8, q. de la Banq.-de-Fr.; 38 num., 45 lits de négoc. et propr. de 18 à 65 fr. par mois. Il y table d'hôte à 3 fr. 25 et 50 c.

ʀɪᴀɴᴛ (du génér.), p. rue de Vendôme,
n° 11.

ʀɪᴇᴅʟᴀɴᴅ (de), g. par M.lle *Binout*, rue
du Bac, n° 127, q. S.-Thom.-d'Aquin ;
10 num. 20 lits de milit. et ouvriers, de
6 à 30 fr. par mois.

G.

ɢᴀɢɴᴇ-ᴘᴇᴛɪᴛ (au), g. par *Gurnot*, rue de
la Grande-Truanderie, n° 49 ; q. Montorgueil ; 3 lits d'artis. de 7 à 12 fr. par m.

ɢᴀɪʟʟᴀʀᴅ-ʙᴏɪѕ (du), g. par *Leblond*, rue
de l'Echelle, n° 6, q. des Tuileries ; 15
num. de m.ds, négoc. et propriét., de 30
à 60 fr. par mois.

ɢᴀɪʟʟᴀʀᴅ-ʙᴏɪѕ (du), g. par *Witkoski*, rue
S.-Germ.-l'Aux. n° 34, q. du Louvre ;
42 lits de march. et négoc.

ɢᴀʟʟᴇѕ (de), p. rue du Colombier.

ɢᴀʟʟᴇѕ (du pr. de), g. par *Tailleur*, rue
de Grenelle, n° 118, q. du F.-S.-Germ. ;
24 num. d'étrang. et propriét.

ɢᴀʟʟᴇᴛ-ᴅᴇ-ʙᴏɴɴᴇ-ɴᴏᴜᴠᴇʟʟᴇ (au), g.
par *Barbet*, rue Beauregard, n° 33, q.
Bonne-Nouvelle ; 12 lits de maçons.

ɢᴀʟʟɪꜰᴇᴛ (de), *voir* ʀᴇʟᴀᴛɪᴏɴѕ-ᴇxᴛᴇʀ.

ɢᴀᴍᴀᴄʜᴇ (hôt. de), p. rue S.-Lazare.
n° 56, présentement Valentinois.

ɢᴀɴᴅ (de), g. par *Martinon*, rue Froidmanteau, n° 3, q. des Tuileries ; 8 num. d'empl. et rentiers.

GARDE-DE-DIEU (à la), g. par *Fuzillier*, rue S.-Martin, n° 153, q. de la Porte-S.-Denis ; 12 lits de bourg., roul., march, et à la nuit.

GARDE-MEUBLES (le), p. place Louis XV.

GARDES-DE-LA-PORTE (des), p. rue Neuve-des Capucines, n° 10, q. de la Pl.-Vend.

GARDES-DU-CORPS-DU-ROI (des), p. quai d'Orsay.

GARDES-DU-CORPS-DE-MONSIEUR (des), p. rue de Grenelle-S. Germ., n° 136, hôtel de Sens.

GAULES (des), g. par *Lacroix*, rue d'Argenteuil, n° 10, q. du Pal.-Royal ; 10 ch. de propriét. et rent., de 12 à 50 fr. par m.

GAULES (des), g. par *Girardin*, rue Coq-Héron, n° 11, q. du Mail ; 17 lits d'offic. et négoc., de 30 à 150 fr. par mois.

GENDARMERIE-ROYALE de Paris, 2.ᵉ comp., casernée rue du Faub.-S.-Martin, n° 86, hôt. des Arts, depuis le 15 janv. 1817 ; 3.ᵉ, caserne Mouffetard ; 4.ᵉ, aux Minim.

GENÈVE (de l'envoyé de), *voir* CONFÉDÉRATION SUISSE.

GENÈVE (de), g. par *Guibert*, rue S.-Th.-du-Louvre, n° 36, q. des Tuileries ; 36 num. de nég. et propriét., de 30 à 90 fr. par mois.

ENÈYE (de), g. par *Delaunay*, rue de Marivaux, n° 13, q. Feydeau; 15 num. de négoc. et propriét.

ENÈYE (de), g. par veuve *Clavery*, rue du Petit-Lion, n° 6, q. du Luxembourg; 16 num. d'étudians.

INEVIÈVE, *voir* MOUTONS, etc.

IORGES (pet. hôt. S.), g, par *Million*, rue des Vieux-Augustins, n. 56, q. du Mail; 3 lits d'ouvriers, de 12 à 30 fr. par mois et à la nuit.

ERMAIN (S.), p. rue S.-Lazare.

ERMAIN (S.), g. par *Bouchet*, rue des Fossés-S.-Germ.-l'Auxerr., n° 32, q. S.-Honoré; 22 lits de rentiers, de 6 à 8 fr. par mois.

ERMANIQUE, g. par *Lauvernier*, cour du Commerce, n° 24, q. de l'Ec.-de-Méd.; 24 num. d'étudians.

GÈVRES (de), p. rue Neuve-S.-Augustin.

GÈVRES (pet. hôt. de), g. par veuve *Lassère*, rue Neuve-S.-August., n° 15, q. Feydeau; 15 num. de négocians.

GIBRALTAR (de)

GILLES-CŒUR, g. par *Regnier*, rue Gilles-cœur, n° 30, q. de l'École-de-Médec.

GLACES (manufact. des), faub. S.-Antoine, rue de Reuilly, q. des Quinze-Vingts.

GOBELINS (manuf. des), rue Mouffetard.

GODON, p. rue Neuve-de-Berry.

GONTEAU, p. rue de Varennes, en face de celle de Bourgogne.

GONTEAU-BIRON, p. rue de Louis-le-Grand.

GOUFFIER, p. rue de Varennes.

GOURDE (de), p. rue S.-Louis, au Marais.

GRACE-DE-DIEU (à la), g. par *Legros*, rue S.-Dominique, n° 8, q. de la Sorbonne; chambr. de march. et voyag.

GRAMMONT (de), p. rue de Clichy.

GRAMMONT (de), g. par *Lathébaudière*, rue S.-Germ.-l'Auxerrois, n° 68, q. du Louvre; 30 lits de m.ds de bœufs et autr.

GRANGE-BATELIÈRE, g. par *Pujol* père, rue Pinon, n° 2, q. de la Chaussée-d'Antin; 20 num. d'étrang. et généraux.

GRASSINS (coll. des), p. rue des Amandiers, n°   , q. S.-Jacques.

GRENELLE (de), p. place de Dupleix à Grenelle, à l'O. du Champ-de-Mars.

GRENELLE (de), g. par *Gerboust*, rue de de Grenelle, n°s 20 et 21, q. de la Banq.-de-France : 26 num. d'étr. et propr., de 10 à 24 fr. par mois.

GRENÉTAT (pet. hôt.), g. par *Olivier*, rue S.-Martin, n° 251, q. de la Porte-S.-Denis; chambres d'ouvriers.

GRENOBLE (de), g. par *Beudin*, rue de Grenelle, n° 27, q. de la Banq.-de-Fr.; 22 num. de nég. et rentiers, de 15 à 30 fr. par mois.

GRENOBLE (pet. hôt. de), g. par *Chavan*, rue du Croissant ; n° 6, q. Montmartre, 11 pièces de rent. et ouvriers.

GRENOBLE (de), g. par *Gardey*, rue des Quatre-Vents, n° 8, q. du Luxembourg ; 20 num. d'étud.

GRENOBLE (à la ville de) g. par *Roger*, rue du Vieux-Colombier, n° 30, q. du Luxembourg ; 17 lits d'ouvriers.

GRIM (café), *voir* NORMANDIE, g. par *Poullain*, rue d'Orléans, n° 9, q. de la Banq.-de-Fr. ; 17 num. de nég., propriét. et officiers.

GUÉMENÉE, dit Lavardin, p. cul-de-sac de ce nom, rue S.-Antoine.

GUÉMENÉE, p. rue de l'Université.

GUERCHY (de), p. rue S.-Dominique.

GUERRE (de la), p. rue de l'Echiquier.

GUERRE (du ministre de la), dit de Bentheim ou de Brissac, p. rue de Bourbon, n° 86. Audience les jeudis à midi.

GUERRE (de l'administ. de la), rue de Varennes, n° 29. Audience par le secrét-gén. les lundis et vendr. à 3 heures, et pour le public, les mercredis de midi à 4 heures.

GUERRE (anc. hôt. de la), p. près de l'Arsen. ci-dev. des Mousquetaires.

GUICHES (de), p. rue du Regard.

GUILLAUME, p. rue S.-Lazare.

GUILLAUME (mais. S.), g. par *Courniaux*,

rue S.-Guillaume, n° 6, q. du Faub.-S.
Germ.; 11 num. de négoc. et ouvriers.
GUIMARD, p. *voir* PÉRIGUEUX.
GUINES (de), p. rue de Varennes.
GUISE (anc. hôt. de), p. *voir* SOUBISE.

H.

HAGA (d'), *voir* AVALLON.
HAINAUT (de), g. par *Loiseau*, rue Neuve-
S.-Roch, n° 17, q. du Pal.-Royal; 18
ch. de nég. et propr., de 28 à 50 fr. par m.
HALWILL (d'), *voir* HYPOTHÈQUES.
HAMBOURG (de), g. par M.lle *Marchais*,
rue Neuve-des-Bons-Enfans, n° 15, q.
du Pal.-Royal; 24 num. de nég. et propr.,
de 12 à 80 fr. par mois.
HAMBOURG (de), g. par M.me *Lambert*,
rue du Faub.-du-Temple, n° 13, q. de la
Porte-S.-Martin; 6 lits de propr.; de 18
à 45 fr. par mois.
HAMBOURG (d'), g. par *Fournex*, rue Jacob, n° 18, q. de la Monnaie; 18 num.
de march. et autres.
HANOVRE (de l'env. de), p. rue S.-Honoré,
n° 350.
HANOVRE (pav. de) p. boulev. des Italiens.
HANOVRE (de), g. par *Chassin*, rue Louis-
le-Grand, n° 14; q. Feydeau; chambres
d'offic. et propriétaires.

HARCOURT (coll. d'), rue de la Harpe, n° 96, q. de l'Ecole-de-Médecine.

HARCOURT (d'), rue de l'Université.

HARCOURT (d'), g. par *Vessière*, rue de la Harpe, n°s 91 et 93, q. de la Sorbonne; 37 pièces d'étudians.

HARCOURT (dit d'Estrées), p. rue de Grenelle-S.-Germain.

HARLAY (de), g. par ..., rue du Harlay, n° 4, au Marais.

HARPE (de la), g. par M.lle *Duprez*, rue de la Harpe, n° 40, q. de l'Ec. de-Méd.

HAUME ou HEAUME (du), g. par *Metzger*, rue Pirouette, n° 1, q. Montorgueil; 12 lits de march., de 12 à 22 fr. par mois.

HAVRE (du), g. par *Delanost*, rue des Vieux-Augustins, n° 45. q. du Mail; 25 lits de nég. et propr., de 12 à 120 fr. par mois.

HAVRÉ (d'), *vair* CROY-D'HAVRÉ.

HELDER (du), g par *Meslin*, rue du Helder, n° 9, q. de la Chaussée-d'Antin; 12 appart., 25 lits de négoc. et rentiers.

HENRY IV (lycée d'), p. place S.-Etienne-du-Mont, rue de Clovis, n° 1, q. S. Jacq.

HENRY IV, (d'), g. par *Parnell*, rue du Bac, n° 12, q. du Faub.-S.-Germain; 5 num. de propriétaires.

HERBOUVILLE (d'), ou Savoisi, p. r. Pavée.

HERMITAGE (de l'), *voir* ERMITAGE.

HERSE-D'OR (à la), g. par *Lacroix*, r
S.-Antoine, n° 191, q. du Marais ; 7 ch.
de fermiers.

HESS (d'), p. rue d'Artois.

HOCQUART (d'), p. rue Payenne.

HOLLANDE, *voir* PAYS-BAS.

HOLLANDE (des états-gén. de), p. Vieille-
rue-du-Temple, n° 51.

HOLLANDE (de), g. par *Lapraille*, rue de
la Paix, n° 16, q. de la Place-Vendôme;
20 chamb., 40 lits de nég. et génér., de
100 à 400 fr. par mois.

HOLLANDE (de), g. par M.lle *Duclos*, rue
Neuve-des-Bons-Enfans, n° 31, q. Pal.-
Royal ; 36 lits de nég. et propr., de 20 à
50 fr. par mois.

HOMMES (café des gr.) boul. Montmartre.

HONORÉ, p. Petite-rue-Neuve-S.-Gilles.

HÔPITAL (de l') ou pav. Paphos, p. boul.
et q. du Temple.

HOSTEN (d'), p. rue S.-Georges.

HOZIER (d'), p. Vieille-rue-du-Temple,
près le n° 124.

HUMIÈRES (d'), p. *voir* MONTMORENCY.

HYACINTE (S.), g. par *Poulain*, rue S.te-
Hyacinte, n° 35, q. de la Sorbonne ; 11
num d'étud. et propriét.

HYPOTHÈQUES (des) ou d'Halwill, p. rue
Michel-le-Comte, -° 32.

I. et J.

JABACH (gr. hôt.), p. rue Neuve-S.-Médér.

JABACH (pet. hôt.), p. rue Neuve-S.-Médéric, n° 44.

JACQUES (S.), g. par *Jeanbert*, rue S.te-Margueritte, n° 11, q. du Faub.-S.-Ant.; 30 lits d'ouvriers.

JAMES (S.), g. par mad. *Emery*, rue de la Chaussée-d'Antin, n° 15, q. de la Place-Vendôme; 8 lits de négoc. et rentiers.

JARDIN-DU-ROI (du), g. par *Baçtz*, propr. rue Copeau, n° 4, q. du Jard.-du-Roi, chamb. d'étud. et propriét.

JARDINET (au pet.), g. par *Dumasson*, rue du Faub.-S.-Ant., n° 166, q. des Quinze-Vingts; 10 lits de savetiers.

JARDINET (au petit), g. par *Galizot*, boul. du Mont-Parnasse, n° 19, q. du Luxemb. 8 num. de journaliers et voyag.

JARNAC (de), p. rue de Fleurus.

JASSAUD (de), p. quai d'Alençon, île S.-Louis.

JAUCOURT (de), p. rue de la Pépinière.

IDALIE (pavill. d'), p. avenue de Neuilly.

JEAN (au pet. S.), g. par *Derbetant*, rue de la Vannerie, n° 18, q. des Arcis; 9 lits d'ouvr. et ouvrières.

JEAN (au pet. S.), g. par mad. *Letom*, rue

S.-Jean, n° 12, q. des Invalides; chamb. d'ouvriers.

JEAN (au pet. S.), g. par *Prevost*, rue Mouffetard, n° 274, q. S.-Marcel; ch. d'ouvr.

IÉNA (d'), g. par *Hersant*, rue des Vieux-Augustins, n° 19, q. du Mail; 18 lits de rentiers, de 18 à 50 fr. par mois.

JÉSUS (au nom de), g. par *Duval*, cloître S.-Jacq.-l'Hôpit., n° 9, q. Montorgueil; 30 lits de nég. et propr., de 12 à 20 fr. par mois.

ILLUSIONS (cab. d'), tenu par M. *Giacomini*, italien, cour des Fontaines, n° 4. Ce que l'on y voit est admirable et produit une illusion parfaite. Tous les jours de 5 à 11 heures du soir; prix 10 s. et pour les enfans.

ILLUSIONS, *voir* ROBERTSON.

IMAGE, *voir* NOTRE-DAME, Pierre et Vierge.

IMPRIMERIE-ROYALE (hôt. de l'), p. Vieille-rue-du-Temple, n° 78, q. du Marais.

INCENDIE DES IMMEUBLES (comp. d'assur. mutuelle contre l'), marché S.-Honoré, n° 4, q. du Palais Royal. Elle avait déjà 25 millions en caisse au 5 février 1817. Une maison de 20 mille fr. pourra coûter 6 fr. par an.

INDES (des), g. par *Dutertre*, rue Traversière S.-Honoré, n° 13, q. Pal.-Royal; 15 num. 20 lits de nég., de 30 à 120 fr. par mois.

INDES (des), g. par *Poillion*, rue et q. du Mail, n° 27; 25 lits de négoc. et rentiers, de 10 à 72 fr. par mois.

INDUSTRIE française et étrangère (dépôt des produits de l'), tenu par M. *Vacher*, rue Vivienne, n° 18.

INFANTADO (de l'), p. *voir* VALLIÈRE.

INFANTADO (de l'), p. rue S.-Florentin, n° 2.

INSTITUT (pal. de l'), aux Quatre-Nations, quai Conty.

INSTITUTION, *voir* CERCLE-ANGLAIS.

INTENDANCE (de l'), p. rue de Vendôme.

INTÉRIEUR (du ministre de l') ou de Villars. p. rue de Grenelle-S.-Germ., n°s 101 et 122. Audience les jeudis à midi.

INTERPRÉTATION générale et traduction de toutes les langues mortes et vivantes (direction de l'), tenue par M. E. *Nunez de Taboada*, traduct. assermenté près les administr. et tribun., rue Feydeau, n° 22. Les bur. sont ouverts de 9 à 4 heures. MM. les étrangers trouveront dans cet établissement nécessaire à la politique, au commerce, aux transactions sociales, à l'ordre judiciaire et aux lettres, toutes les garanties possibles.

INVALIDES (hôt. royal des), p. en face le Quinconce et q. des Invalides. Cet asile, digne récompense de la valeur, est dû à la munificence de Louis XIV.

JOIGNY (de) ou Salé, p. rue de Thorigny, q. du Marais.

JONCQUIÈRES (de), p. rue Cult.-S.te-Cath.

JOSEPH (S.), rue du Faub.-S.-Honoré.

JOSEPH (S.) dit de Brienne, rue S.-Domin. n° 82. Il y a une div. de la guerre où le public est admis les mercredis.

JOSEPH (S.), g. par mad. *Chopelet*, rue S.-Joseph, n° 22, q. Montmartre ; 10 ch. de milit. et rent., de 10 à 36 fr. par m.

JOSEPH (pet. hôt. S.), g. par *Thuillier*, rue S.-Joseph, n° 24, q. susdit ; ch. d'ouvr.

JOSEPH (des bains S.), rue S.-Joseph.

JOUR (du), g. par *Couson*, rue du Jour, n° 8, q. S.-Eustache ; 18 pièces de march. et nég. de 6 et 30 fr. par mois. Il y a table d'hôte à.

JOUY (de), g. par *Hymette*, rue S.-Ant. n° 50, q. de l'Hôtel-de-Ville ; chambres d'étud. et negoc.

JOYEUSE (de), p. rue S.-Louis, au Marais.

IRLANDAIS, ANGLAIS ET ECOSSAIS RÉUNIS (coll. des), rue des Irlandais, n° 3 et des Postes, q. de l'Observatoire.

IRLANDE (d'), g. par M. *Maillet*, propr., rue de Beaune, n° 3, q du Faub.-S.-G. ; appart et chamb. d'offic., nég. et propr.

ISABEAU (d'), p. quai de l'Horloge.

ITALIE (de l'envoyé d'), *voir* Rome.

ITALIE (d'), g. par *Millet*, pl. des Italiens

n° 1 , q. Feydeau ; 15 num. d'offic. et nég.

ITALIE (d'), g. par *Billac*, rue et q. du Mail, n° 3 ; 5 lits de rent., de 20 à 90 fr. par mois.

ITALIE (d'), p. rue d'Angoulême ; *voir aussi* SAXE.

ITALIEN (café), boul. des Italiens ; c'est un des plus beaux de Paris.

ITALIEN (café), g. par *Atrofe*, rue S.-Dominiq., au Gros-Caillou, n° 8, q. des Invalides ; chambr. de propriét.

JUIFS (des), g. par *Bloc*, rue des Ménestriers, n° 8, q. S.te-Avoye ; ch. de juifs.

JUIGNÉ (de), p. quai Malaquais, n° 11.

JUMEAUX (aux deux), g. par *Bergunion*, rue Jean-de-l'Epine, n° 12, q. des Arcis ; 30 lits d'ouvriers.

JUMILLAC (de), p. rue S.-Maur.

JUNOT, p. rue des Champs-Elysées.

JURA (du), p. rue S.-Dominique.

JURA (du), g. par *L'mangard*, rue Percée, n°s 3 et 5 ; q. de l'Ecole-de-Médecine ; chambre d'étud. et march.

JUSTICE (pal. de), p. rue de la Barillerie.

JUSTICE (coll. de), p. r. de la Harpe, n° 84.

K.

KELLERMANN dit de Lude, p. rue S.-Dom.

L.

LAB. . . .

LABOSSIÈRE (de), p. rue de Clichy.

LABOUREUR (au bon), g. par *Badin*, rue Mouffetard, n° 329, q. S.-Marcel ; 7 chamb., 20 lits de rouliers.

LABRIFFE, p. quai Voltaire, n° 3.

LACOSTE, p. rue du Mont-Parnasse.

LAFARGE, p. rue de Grammont.

LAFONTAINE (du bon), g. par *Barrier*, rue de Grenelle, n° 16, q. du Faub.-S.-Germ ; 16 num. de génér. et propriét.

LAMBERT (de) ou Thorigny, p. rue et Isle-S.-Louis, n° 2.

LAMOIGNON (de), p. rue Pavée.

LANGERON (de), p. rue du Faub.-S.-Hon. en face de celle d'Anjou.

LANGRES (de).

LANGRES (à la ville de), g. par *Buffet*, rue du Faub.-S.-Martin, n° 79, q. du Faub.-S.-Denis ; 14 lits de charpent.

LANGUEDOC (du), g. par *Clara*, rue des Cordiers, n° 15, q. de la Sorbonne ; 12 pièces de maçons.

LANGUEDOC (du), g. par *Gagné*, rue S.-Jacques, n° 135, q. S. Jacq. ; 10 num. d'étudians.

LANGUEDOCIENS (des), g. par veuve *Dreu*,

rue de Richelieu, n° 71, q. Feydeau ; 10 num. d'offic. et négoc.

LANGUEDOCIENS (des petits), g. par *Marques*, rue S.-Roch, n° 14, q. Montmart.; 7 num. d'offic. et négoc.

LANNES (de), p. rue S.-Dom. faub. S.-G.

LAON (coll. de), rue de la Montagne-S.te-Geneviève.

LAREYNIE (de), rue du Bouloy, n°. 4.

LAUNAI (de), p. rue Neuve-S.-Paul.

LAURAGAIS (de), p. rue de Bourbon.

LAURENT (S.), g. , en démolition.

LAVAL (de), p. rue du Mont-Parnasse.

LAVAL (de), p. boul. du Mont-Parnasse.

LAVALETTE (de), g. par *Lavalette*, rue des SS.-Pères, n° 63, q. de la Monnaie ; 16 chamb. de propriét.

LAVALETTE (de).

LAVARDIN, (anc. h.), p. *voir* GUÉMENÉE.

LAVAUR (de), g. par *Grim*, *voir* NORMANDIE.

LEBLANC, p. rue de Cléry.

LEBRETON (cabin. de M.), *voir* PHYSIQUE.

LEBRUN ou du Cadastre, p. rue de Cléry, n°. 19.

LEBRUN, p. *voir* NOAILLES.

LEDUC, p. boul. du Mont-Parnasse.

LEFEVRE, p. rue d'Enfer.

LÉGION-D'HONNEUR (de la), ou de Salm, rue de Bourbon, n° 70. Bâti par Rousseau.

LEMBERT (de), p. rue, q. et Isle S.-Louis.

LEMERCIER , p. rue Richer.

LEMOINE , p. rue Neuve-de-Berry.

LEMOINE (coll. du card.), p. rue S.-Victor.

LESDIGUIÈRES (de), p. *voir* ORMESSON.

LIANCOURT (de), p. *voir* ROCHEFOUCAULT.

LIÈGE (de), g. par *Dangouil*, place S.te-Opportune, q. des Marchés; ch. de march.

LIÈGE (de), g. par veuve *Précieux* , rue du Cloître-S.-Benoît , nº 4 , q. de la Sorbonne ; 16 pièces d'étud.

LIÉGEOIS (rend.-v. des bons), g. par *Tache*, rue de Charonne , nº 81 , q. Popincourt ; chamb. d'ouvriers.

LIGNERAC (de), p. rue S.-Dominique.

LILLE (de), p. rue.

LILLE (de), g. par *Duriez*, rue S.-Thom.-du-Louvre , nº 40 , q. des Tuileries ; 30 num. de négoc. et propriét., de 30 à 50 fr. par mois. Il y a table d'hôte à 3 f..

LILLE (de), g. par mad. *Grinchon*, née *Choqueux*, rue de Bourbon , nº 5 , q. du Faub.-S.-Germ. ; 10 num de nég. et propr.

LILLE (de), dit café de la Montagne, g. par *Telliez*, rue Descartes , nº 4 , q. S.-Jacq. 4. num. d'étudians.

LILLOIS (des), g. par *Touchebœuf*, rue de Richelieu , nº 63 , q. Feydeau , 30 num. d'empl. et négocians.

LIMOGES , (café de), g. par Bitthemer,

boulev. et q. du Temple, n° 30 ; 3 lits
d'empl. et autres.

LIMOGES (de), g. par *Gorand*, rue Guénégaud, n° 24 , q. de la Monnaie; 12 ch.
d'ouvriers.

LIMOGES (de), g. par *Léchaudé*, rue et q.
de l'Ec -de-Médec. n° 4 ; 32 num. d'étud.

LIMOGES (de) ou , la Bonne-Foi, g. par
Vignot , rue du Plâtre, n° 21 , q. St-Jacq.
chamb. d'ouvriers.

LION-D'ARGENT (du), g. par *Maucomble*,
rue du Faub.-S.-Denis, n° 51 , q. du Faub.-
Poissonnière; 15 ch., 22 lits de march. et
voyag., de 12 à 30 fr. par mois.

LION-D'ARGENT (du), g. par *Dosogne*, rue
Bourg-l'Abbé, n° 12 , q. de la Porte-S.-
Denis ; 50 lits de march. et voyag.

LION-D'ARGENT (du), g. par *Sommesson*,
rue S.-Denis, n° 124, cour Batave, n° 9,
q. des Lombards ; 34 chamb., et 45 lits
de march. et propriét.

LION-D'ARGENT (du), g. par *Javaux*, rue
des Vertus, n° 3, q. S.-Martin-des-Ch. ;
37 lits d'ouvriers.

LION-D'OR (du), g. par veuve *Grainville*,
rue des Fossés-S.-Germ.-l'Auxerr. n° 15 ,
q. du Louvre ; 2 chambrées de tailleurs.

LION D'OR (du) , g. par *Martin*, rue et q.
de la Porte-S.-Denis, n° 110 ; 16 lits de
voyageurs.

LION-D'OR (du), g. par *Guyard*, avenue de Lowendal, n° 8, q. des Invalides ; 12 chamb. à la nuit.

LION-D'OR (du), g. par *Gérard*, rue des Fossés-S.-Bernard, n° 24, q. du Jardin-du-Roi ; 6 lits de Rouliers.

LION-D'OR (au), g. par *Lenud*, marché aux Chevaux, n° 2, près le boulev. de l'Hôp. q. S.-Marcel ; 5 lits de march. de chev.

LIONS-D'OR (aux deux), g. par *Asselin*, rue de la Vannerie, n° 12, q. des Arcis ; 28 lits de maçons.

LIQUIDATION (de la), p. place Vendôme.

LISIEUX (coll. de), p. rue S.-Jean-de-Beauv.

LIVRES DÉPAREILLÉS (mag. de) s'adresser, franc de port, à mad. *Goblet*, quai aux Fleurs, rue la Pelleterie, n° 13. La salle de vente est rue des Bons-Enfans n° 30.

LOBAU (de), p. rue de Bourbon, n° 88

LOI (de la), g. par *Billiard*, rue Traversière-S.-Honoré, n° 47, q. du Pal.-Royal, 3 appart., 26 chamb., 32 lits d'étrang. et négoc. ; de 30 à 300 fr. par mois.

LOI (pet. hôt. de la), g. par *Lenoir*, rue Beauregard, n° 24, q. Bonne-Nouvelle ; 32 lits d'empl. et marchands.

LOIRE (de la), g. par *Calabre*, quai des Ormes, n° 12, q. de l'Arsenal ; 6 lits de march. de bois, poisson et vin.

LOIRET (du), g. par *Mauvage*; rue des

Bons-Enfans, n° 5, q. du Pal.-Royal ; 25 num. de nég. et propr., de 30 s. à 4 fr. par jour.

Loiret (du), g. par *Sénat*, rue Neuve-S.-Roch, n° 19, q. Pal.-Royal ; 2 ch.

Loiret (du), g. par *Royol*, rue et q. S.-Jacques, n° 159 ; 7 num. d'étudians.

Lombards (coll. des), p. rue des Carmes.

Lombards (café des), g. par *Lombards*, rue du Faub.-Poissonn., n° 43, q. du Faub.-Montmartre ; chamb. de militaires.

Londres (de), g. par *Blondeau* ; rue du Mont-Tabor, n° 13, q. des Tuileries ; 16 num. d'étrang. et propriét.

Londres (de), *voir* Univers.

Londres (de), mis en location, rue Traversière-S.-Honoré, n° 23.

Londres (à la cité de), g. par *Meurice et Comp.*, de Calais, rue de l'Echiquier, n° 19, q. du Faub.-Poissonn. ; 32 lits de gentils homm. et propr. anglais. Il y a table d'hôte servie à la française et à l'anglaise, à. . . . ., et un roulage pour tous pays, rue Haute-Ville, n° 11.

Londres (de), g. par veuve *Deleschaux*, rue des Filles-S.-Thom., n° 21, q. Feydeau ; chamb. d'offic. et négoc.

Londres (de), g. par *Piat*, rue du Pont-aux-Choux, n° 25, q. du Marais ; 20 chamb. d'ouvriers.

LONDRES (de), g. par *Doret*, rue du Colombier, n° 4, q. de la Monnaie ; 10 num. de propriét.

LONDRES (g. hôt. de), g. par *Legrand*, place Vendôme, n° 10, q. du Pal.-Royal; 7 appartemens et 3 chambres d'étrangers et propriét.

LONGUEVILLE, dit de Chevreuse ou de Rambouillet, *voir* ECURIES-DU-ROI.

LORGES (de) p. rue de Sèvres.

LORRAINE (de), g. *voir* CROIX-DE-LORR.

LORRAINE (de), g. par *Guyard* et veuve *Poirçon*, rue de Beaune, n° 7, q. du Faub.-S.-Germ. ; 5 num. d'empl.

LORRAINE (de).

LOTERIE-ROYALE (de la), ou Montmartel, p. rue Neuve-des-Petits-Champs , n° 42. Les tirages se font les 1er et 16 de chaque mois, à 11 heures du matin. La création date de 1758.

LOUIS (S.), g. par *Rabot*, rue S.-Louis, n° 7 ; q. des Tuileries ; 15 num. d'empl. et négoc.

LOUIS (S.), g. par *Vergnol*, rue de la Juiverie, n° 24, q. de la Cité ; ch. d'ouvr.

LOUIS (S.)

LOUIS XVIII (de), g. par mad. *Janin*, née Caron, rue Neuve-S.-Augustin, n° 38, q. de la Place-Vendôme ; 8 num. d'offic. et négoc.

LOUIS-LE-GRAND (coll. et lycée), p. rue
et q. S.-Jacques, n° 123.

LOUIS-LE-GRAND (hôt. de), g. par *Mellon*,
rue de Louis-le-Grand, n° 17 q. de la
Place-Vendôme ; chamb. d'étr. et négoc.

LOUIS-LE-GRAND (de), g. par *Tomsin*,
rue S.-Jacq., n° 116, q. de la Sorbonne;
chamb. d'étudians.

LOUISIANE (de la), g. par *Drigny*, rue du
Rempart, n° 4, 21 num. de couturières et
rent. de 9 à 30 fr. par mois.

LOUVIERS (de), g. par *Champagniat*, rue
Traversière, n° 22, q. du Pal.-Royal ;
10 num. de couturières et rent., de 15 à
60 fr. par mois.

LOUVOIS (des bains), rue de Louvois,
n° 2.

LOUVOIS, (de), g. par *Archambault*, rue
de Louvois, n° 4, q. Feydeau ; 25 num.
de négoc. et propriét.

LOUVRE (pal. du v.), place des Colonnades.

LOZÈRE (de la), g. par *Maurin*, pass. de
la petite Boucherie, n° 7, q de la Monnaie ; 10 chamb. de négoc. et propriét.

LUDE (de), p. *voir* KELLERMANN.

LURON (au bon), g. par *Renaud*, rue du
Faub. et q. du Temple, n° 90 ; 6 lits
d'ouvr. et à la nuit.

LUXEMBOURG (de), g. par *Norbert*, rue de

la Harpe, n°s 54 et 56, q. de l'Ec.-de-Médec. ; 26 num. d'étudians.

LUXEMBOURG (de), g. par *Pernot*, rue de Vaugirard, n° 52, q. du Luxembourg; 12 num. de propriét.

LUXEMBOURG (pet. hôt. du), g. par *Magnon*, rue de Tournon, n° 18, q. du Luxembourg : 10 num. d'étudians.

LUXEMBOURG (pal. du) dit des Pairs, rue de Vaugirard, n° 19, q. du Luxemb. Commencé en 1615, sous Catherine de Médicis.

LUXEMBOURG (pal. du p.), rue de Vaugirard, n° 21.

LUXEMBOURG (du duc de LUYNES.

LUYNES (de) dit du du.. .uxemb., p. rue S.-Dominique-S.-G... ; n° 33.

LUYNES (pet. hôt. de) p. rue S.-Dominiq.-S.-Germ. n° 37.

LYCÉES, *voir* BOURBON, CHARLEMAGNE, HENRY IV et LOUIS-LE-GRAND.

LYON (de), g. par *Blot*, rue de la Jussienne, n° 13, q. du Mail ; 32 lits de négoc. et propr., de 30 à 150 fr. par mois.

LYON (de), g. par M.lle *Carier*, rue Tiquetonne, n° 19, q. S.-Eustache; 11 num. de négoc. et rentiers, de 9 à 18 fr. par m.

LYON (de), g. par veuve *Jolivet*, r. Pierre-Lescot, n°s 17 et 22, q. S.-Honoré; 26 lits d'ouvr., de 12 à 24 fr. par mois,

Lyon (de), g. par *Nouvellet*, rue de Grenelle-S.-Honoré, n° 7, q. de la Banq.-de-France ; 32 num. de milit. et négoc.

Lyon (à la ville de), g. par *Manoury*, rue du Ponceau, n° 18, q. de la Porte-S.-Den. 18 lits de rouliers.

Lyon (de), g. par *Fodrin*, rue des Gravilliers, n° 12, q. S.-Martin-des-Champs ; 14 lits d'ouvriers.

Lyon (à la ville de), g. par *Reimquet*, rue S.-Jacq., n° 40, q. de la Sorbonne ; 24 pièces de librair. et voyageurs.

M.

Macon (de) par *Dufistre*, md. de vin en gros, rue des Deux-Ponts, n° 14. q. de l'île S.-Louis ; 40 lits de march. de vin.

Madelfine (de la), g. par *Joannes*, rue de la Madeleine, n° 16, q. de la Pl.-Vend. 12 lits d'offic. et bourgeois.

Madère (de), g. par *Delavenne*, rue S.-Honoré, n° 356, q. du Pal.-Royal ; 3 appart., 14 pièces de rentiers, de 15 à 80 fr. par mois.

Magloire (à S.), *voir* Bouteille.

Magloire (pet. hôt. S.), g. par *Chauvé*, rue S.-Denis, n° 166, q. des Lombards ; 27 lits de marchands.

MAILLÉ (du duc de), p. rue S.-Dominique faub. S.-Germ., n° 73.

MAILLETS (aux 3), g. par *Lefevre*, rue Comtesse-d'Artois, n° 44, q. Montorg.; 20 lits de voituriers.

MAILLY (de), p. rue de l'Université.

MAILLY (de), p. rue Neuve-N -D.-des-Ch.

MAINE (du), g. *voir* DIABLES DE PROVENCE.

MAINE (du), g. par *Château*, rue de la Bibliothèque, n° 9, q. S.-Honoré; 20 lits de négoc., de 8 à 30 fr. par mois.

MAINE (du), g. par *Parnageon*, rue de la Harpe, n° 9, q. de la Sorbonne; 18 pièc. d'étudians.

MAIRIE du 1.er arrond. (hôt. de la), p. rue d'Aguesseau, n° 8.

—— du 2.e arrond. (de la), rue d'Antin, n° 3.

—— du 3.e arrond., pass. des Petits-Pères, n° 12.

—— du 4.e arrond., pl. du Chev.-du-Guet, n° 4.

—— du 5.e arrond., rue Grange-aux-Belles, n° 2.

—— du 6.e arrond., rue et Abbaye-S.-Mart. n° 210.

—— 7.e arrond., rue S.te-Avoye, n° 57.

—— du 8.e arrond., place Royale, n° 14.

—— du 9.e arrond., rue de Jouy, n° 9.

—— du 10.e arrond., rue de Verneuil, n° 13.

—— du 11.e arrond., rue du V.-Colomb. n° 19.

—— du 12.e arrond. rue S.-Jacques. n° 262.

MAISON-BLANCHE (à la), g. par *Delaville*, rue Montmartre, n° 5, q. S.-Eustache ; 10 pièces de négoc. et rentiers.

MAISON-BLANCHE ((à la), g. par *Vallée*, quai de la Rapée, n° 57, q. des Quinze-Vingts ; 8 pièces, 30 lits de mariniers.

MAISON-BLANCHE (à la), g. par *Guilleminet*, rue des Fossés-S.-Bernard, n° 35, q. du Jardin-du-Roi ; chamb. d'empilleurs.

MAISON-DE-SANTÉ, g. par *Beauregard*, rue Batave, n° 6, q. des Tuileries ; chamb. de propriét. malades.

MAISON-DE-SANTÉ, g. par *Tryaire*, rue S.-Lazare, n° 88, à Tivoli, aux eaux minér. q. du Roule ; chamb. d'étrang. et propriét. malades.

MAISON-DE-SANTÉ ; g. par *Depyroux*, rue du Faub.-S.-Jacques, n° 36, cul-de-sac Longue-Avaine, n° 1, q. de l'Observat. ; chamb. de propriét. malades.

MAISON-DE-SANTÉ, p. rue du Faub.-S.-Jacq. n° 17, q. de l'Observ. ; pour les mal. sec.

MAISON-ROUGE (à la), g. par *Sifflet*, rue Rochechouard, n° 7, dans le cul-de-sac de Briard, n° 4, q. du Faub.-Montmart. ; chamb. d'ouvriers.

MAISON-ROUGE (à la), g. par *Gannat*, rue Cadet, n° 30, q. du Faub.-Montmartre; chamb. d'ouvriers.

MALESHERBES (de), p. rue des Martyrs.

MALTHE (de), g. par *Couroye*, rue de Richelieu, n° 65, q. Feydeau; 40 numér. d'offic. et propriét.

MALTHE (de), g. par *Poinsot*, rue d'Angoulème, n° 14, q. du Temple; 32 lits d'offic. et autres.

MALTHE (de), g. par *Quillet*, rue Christine, n°. 10, q. de l'Ec.-de-Médec.; 15 num. d'étudians.

MALTHE (de), g. par *Ménard*, pl. Cambray, n° 2, enclos S.-Jean-de-Latran, q. S.-Jacques; 12 num. d'étudians.

MARAIS (du), g. par *Genton*, rue S te-Cr.-de-la-Brétonnerie, n° 10, q. du Mont-de-Piété; 26 lits de bourgeois et chapeliers.

MARAIS (du), g. par *Piat*, vieille rue du Temple, n° 117, q. du Mont-de-Piété; 3 lits de bourgeois et militaires.

MARBŒUF (de), p. rue du Faub.-S.-Hon.

MARC (S.), g. par *Legros*, rue S.-Marc, n° 31, q. Feydeau; ch. de rent. et domest.

MARC (pet. hôt. S.), g. par mad. *Hallot*, rue des Fosés-Montmartre, n° 22, q. du Mail; 8 lits de négocians.

MARCHE (coll. de la), p. rue de la Mont.-

S.te-Geneviève, n° 37 , q. Saint-Jacques.

MARCHE (hôt. de la), p. rue de Grenelle-
S.-Germ.

MARCK ou MARQUE (de la), g. par *Tircuir* ,
rue de la Tixéranderie , n° 25 , q. des
Arcis ; 41 lits de maçons.

MAREIL (de), p. quai des Célestins.

MARENGO (de), g. par *Barthélemy* , rue des
Filles-Dieu , n° 17 , q. Bonne-Nouvelle ;
42 lits à la nuit.

MARGUERITE (de la reine), *voir* MIRABEAU.

MARGUERITE (S.te), g. par *Morizot* , rue
S.te-Marguer. , n° 38 , q. de la Monn. ;
10 num. de marchands.

MARINE (de la) , g. par *Gache* , rue Vivienne , n° 23 , q. Feydeau ; 30 numér.
d'étrang. , négoc. et offic.

MARINE (de la) , g. par mad. *Lavisé* , rue
Gaillon , n° 23 , q. Feydeau ; 30 num. de
négoc. , propriét. , officiers de marque et
courriers autrichiens.

MARINE (de la) , g. par veuve *Baudelle* ,
quai des Ormes , n° 16 , q. de l'Arsenal ;
16 lits de march. de bois , poisson et voituriers par eau.

MARINE (rend.-v. de la) , g. par *Lebour-*
geois , quai des Ormes , n° 2 , q. de l'Arsenal ; 6 lits de négoc. et propriét.

MARINE (rend.-v. de la) , g. par veuve *Con-*

tour, rue de Seine, n° 2, q. du Jardin-du-Roi ; chambr. de mariniers.

MARINE (rend.-v. de la), ci-dev. au Pigeon-blanc, g. par *Dubeau*, quai de la Tour-nelle, n° 47, q. du Jardin-du-Roi.

MARINE ET DES COLONIES. (du min. de la), p. rue Royale, n° 2, q. des Tuileries ; audience les 1.er et 4.e jeudis à midi.

MARINE-ROYALE (de la), g. par *Guy*, rue Croix-des-petits-Champs, n° 50, q. du Mail ; 36 lits d'étrang., négoc., offic. et propr., de 15 à 150 fr. par mois et 5. ft. par jour.

MARINE (comp.-royale d'assur. de la), rue de Ménars, n° 8. Le bur. est au rez-de-chaussée.

MARIVAUX (de), g. par *Lerond*, rue de Ménars, n° 9, q. Feydeau ; ch. d'offic. et propriétaires.

MARMITE (à la bonne), g. par *Boutin*, rue S.-Victor, n° 54, q. du Jardin-du-Roi ; 36 ch., 60 lits de couvertur. et à la nuit.

MARMONT (du maréch.), p. rue du Faub.-S.-Honor., n° 49, *voir aussi* RAGUSE.

MAROC (de l'ambass. de), p. rue.

MARTIN (S.), g. par *Lesol*, rue Beaute-paire, n° 16, q. Montorgueil ; chambres d'ouvriers cordonniers.

MARTIN (du pet. S.), g. par *Berthelemy*, rue S.-Martin, n° 247, q. de la Porte-

S.-Denis ; 25 chamb., 52 lits de march.,
voitur., messag. et voyag.

MARTINIQUE (de la), g. par *Chazal*, cour.
rue de Grenelle-S.-Honoré , n° 17 , q. de
la Banq.-de-Fr. ; 10 num. de négoc.

MASSENA (de), p. rue de Bourbon.

MASSERANO (de), p. boulev. des Invalid.

MASSIAC , p. place des Victoires , où était
la Banque.

MATELOTTES (renomm. des bonnes), g.
par *Pance* , quai des Célestins , n° 28 , q.
de l'Arsenal ; 22 lits de maîtr. mariniers.

MATHON , *voir* S.-PHAR.

MATHURINS (des), g. par mad. *Palsa* ,
rue Neuve-des-Mathurins, n° 56 , q. de
la Pl.-Vendôme ; appart. de génér. et nég.

MATHURINS (maison des), g. par *Laurent*,
rue S.-Jacq. , n° 62 , q. de la Sorbonne ;
9 pièces d'étudians

MATIGNON (de), p. rue S.-Dominique.

MAURES (des 3), g. par *Beslin* , place S.-
André-des-arts , n° 13 , q. de l'Ec.-de-
Médec. ; 22 num. d'artisans et ouvriers.

MAURY (maison), p. rue de Paradis ; faub.
S.-Denis , n° 12.

MAYENCE (de), g. par *Carnet* , rue S.-Hon.
n° 352, q. du Pal.-Royal ; 15 num. d'offic.
et propriét. , de 20 à 100 fr. par mois.

MAYENCE (de), g. par . . . ., rue de Grenelle S.-Honoré , n° 44 ; q. de la Banq.

de-Fr. ; 19 num. de négoc. et propriét.,
de 10 à 40 fr. par m. On y traite les voyag.

MAYENCE (de), g. par *Thevenard*, rue de
Courty, n° 5, q. du Faub.-S.-Germain;
19 num d'offic. et propriét.

MAYENNE (de la), g. par *Drouhin*, rue du
Four S.-Honoré, n° 14 ; q. S.-Eustache;
20 pièces de march., propr. et ouvriers,
de 6 à 30 fr. par mois.

MAYENNE (de la), g. par

MAYENNE (anc. hôt. de), *voir* ORMESSON.

MAZARIN (coll.), *voir* NATIONS.

MAZARINE (hôt.), g. par *Rigal*, rue Mazarine, n° 54, q de la Monnaie ; 26 ch.
de propriét.

MECKLENBOURG-SCHEWERIN (du chargé
d'aff. du g. duc de), p. rue de la Madeleine, n° 20, M. Verthling.

MENARS (de), g. par *Massin*, rue de Richelieu, n° 74, q. Feydeau ; ch. d'offic.
et négocians.

MENUS-PLAISIRS-DU-ROI (des), p. rue du
Faub.-Poissonnière.

MENUS-PLAISIRS (intend. des), rue Bergère,
n° 2.

MÉRICOURT, *voir* FOLIE-MÉRICOURT.

MÉRIDIEN (au), g. par *Legrain*, boul. et
q. du Temple, n° 28 ; 3 lits de voyag. et
officiers.

MESLAY, p. rue du Sentier.

MESMES (de), p. rue S.te-Avoye , n° 44 , où sont les Droits-Réunis.

MESSAGERIES (des), g. par *Louat*, rue du Bouloy , n° 24 , q. Banq.-de-France ; 15 num. de voyag.

MESSAGERIES (des), g. par *Kruker*, rue du Faub.-St-Denis , n° 50 , q. du Faub.-S.-Denis ; chamb. de voyag.

MISSAGERIES (des), g. par veuve *Duché*, r. Geoffroy-l'Asnier , n° 27 , q. de l'Hôt.-de-Ville ; 4 chamb. de voyag.

MESSAGERIES (bur. des), g. par *Legros* , rue S.-Dominiq. , n° 8 , q. de la Sorbonne; 15 num. de march. et voyag.

MESSAGERIES-ROYALES (des), g. par *Costrejean*, rue S.-Pierre , n° 7 , q. du Mail; 22 lits de propr. et voyag., de 15 à 120 fr. par mois.

MESSAGERIES-ROYALES (de l'adm. gén. des) p. rue N.-D.-des-Victoires , n° 24 , et rue Montmartre , n° 107 , cul-de-sac S.-Pierre, q. du Mail.

METZ (de), g. par M.lle *Véry*, rue Neuve-S.-Marc , n° 11 , q. Feydeau ; chamb. de milit. et négoc.

METZ (de), g. par *Décageux*, rue et q. du Mail, n° 22 , 26 lits de négoc. et propr., de 18 à 150 fr. par mois. Tab. d'h. à 50 s.

METZ (de), g. par *Collery*, rue de la Gr.-

Truanderie , n° 41 , q. Montorgueil ; 18 lits d'ouvr. de 6 à 18 fr. par mois.

METZ (de) , g. par *Bremard* , r. de la Coutellerie , n° 7 , q. des Arcis ; 28 lits d'ouvr.

METZ de). . . .

MEURICE (hôt.) ou à la Cité de Londres, g. par MM. *Meurice et Compagnie* , rue de l'Echiquier , n° 19 , q. du Faub.-Poissonn. 32 lits de gentils-homm. et nég. anglais. Il y a tab. d'hôt. à la franç. et à l'ang. à...

MEUSE (de la), g. par *Lecler*, rue N.-D.-des-Vict. , n° 12 , q. du Mail ; 6 lits de nég et propriét.

MEXIQUE (du), par veuve *Pendellé* née *Dupuy* , rue du Helder , n° 6 , q. de la Ch.-d'Antin ; 8 lits de propr. et offic.-génér.

MICHEL (S.), g. par *Alliman* , rue des Fr.-Bourgeois, n° 7 , q. de l'Ec.-de-Médec.; chamb d'étudians.

MICHEL (du mont S.), g. par veuve *Garçon*, place Maubert , n° 8 , q. S.-Jacques; 11 lits d'ouvr. et de paysans.

MICHEL (du pet. S.), g. par *Chabreron*, rue S.-André-des-Arts , n° 2 , q. de l'Ec.-de-Médec.; 8 num de négoc. et propriét.

MICHODIÈRE (de la), g. par M.lle *Cendret*, rue de la Michodière , n° 7 , q. Feydeau; 30 num. de négoc. et propriét.

MICHODIÈRE (de la), p. rue du Grand-Chantier.

Mɪᴅɪ (du), g. par *Carteron*, rue de Bercy,
nº 12, q. du Marché-S.-Jean ; 12 lits
d'ouvriers

Mɪʟᴀɴ (de), g. par *Bonfort*, rue N.-D.-
des-Vlct., nº 18, q. du Mail ; 16 lits
d'empl. et nég., de 15 à 140 fr. par m.

Mɪʟɪᴛᴀɪʀᴇ (café), g. par. . . .

Mɪʟᴏʀᴅs , *voir* Mʏʟᴏʀᴅs.

Mɪɴᴇʀᴠᴇ (de), g. par *Gout*, rue Richer,
nº 19, q. du Faug.-Montmartre ; 36 lits
d'ouvriers.

Mɪɴɪsᴛʀᴇs (des), g. par *Croisier*, rue de
l'Université, nº 36, q. du Faub.-S.-Germ.
30 num. d'étrang. et propriét.

Mɪʀᴀʙᴇᴀᴜ (de), g. par *Beaulieu*, rue de
la Paix, nº 5, q. de la Place-Vendôme ;
14 num. 40 lits d'étr., génér. et propr. ;
de 100 à 300 fr. par mois. Table d'hôt. à.

Mɪʀᴀʙᴇᴀᴜ (de) dit de la reine Marguerite,
rue de la Chaussée-d'Antin.

Mɪʀᴀʙᴇᴀᴜ (de), p. rue de Seine S.-Germ.,
nº 6.

Mɪʀᴇʙᴇᴀᴜ (maison), p. rue d'Argenteuil,
nº 33.

Mɪʀᴇᴘᴏɪx, rue S.-Dominique.

Mᴏᴅᴇ̀ɴᴇ (de), g. par *Guilliarmos*, rue
Jacob, nº 12, q. de la Monnaie.

Mᴏʟᴇ́ ou de Roquelaure, p. rue S.-Domin.
faub. S.-Germ., nº 58, où réside mad. la
duch. douairière d'Orléans.

MOLIÈRE (mais. où est né le gr.) , rue de la Tonnellerie , n° 3.

MOLIÈRE (hôt. de) , g. par *Curé* , rue des Petits-Champs-S.-Martin , n° 12 , q. S.te-Avoye ; chamb. d'ouvriers.

MONACO , p. rue S.-Domin. faub. S.-Germ. n°. 111 , q. des Invalides.

MONCEAU , *voir* MOUCEAU.

MONCEY , p. rue du Faub.-S.-Honoré.

MONDE (des 4 part. du) , g. par *Cornille* , rue Tiquetonne , n° 11 , q. S.-Eustache; 17 pièces de négoc. et rentiers.

MONDRAGON , p. rue d'Antin.

MONFORT , g. par *Grand* , md. de vin en gros , rue Christine , n° 4 , q. de l'Ec.-de-Médec. ; 17 num. d'étudians.

MONNAIE (de la) , g. par *Coyard* , rue Béthizy , n° 19 , q. du Louvre ; 20 lits de domestiq. et voyageurs.

MONNAIES (administr. et hôtel des) , p. quai Conty , n° 11 ; la monnaie des médailles est rue Guénégaud , n° 8. Chaqu balancier frappe en un jour 22 mille pièce d'argent ou 36 mille pièces d'or. L'essayeu de la ville et du commerce , M. Bonneville demeure rue S.-Martin , n° 14.

MONSIEUR (de) , g. par *Hornaire* , rue d Monsieur , n° 1 , q. S.-Thom.-d'Aquin 15 num. de bourgeois et officiers.

MONTAGNE , *voir* GENEVIÈVE et LILLE.

MONTAGNES-RUSSES (les), *extra-muros*, par les barrières de Chaillot et du Roule, plaine des Sablons.

MONTAIGU (de), p. rue des Fossoyeurs ou Servandoni.

MONTAIGU (coll. de), p. rue des 7 Voyes.

MONTALEMBERT (de), p. r. de la Roquette.

MONTALIVET (de), p. rue et île S.-Louis.

MONTAUBAN (de), g. par *Descorps*, rue Git-le-Cœur, n° 11, q. de l'Ec.-de-Méd.; 14 num. de négoc. et voyag.

MONT-BAS, p. rue du Temple, n° 57.

MONT-BLANC (du), ci-dev. des Puissances-alliées; g. par *Dovilliers*, rue de la Paix, n° 24, q. de la Place-Vendôme; 12 lits de propriét, négoc et généraux.

MONT-BLANC (du), g. par *Duchesne*, rue du Cadran, n° 17, q. Montmartre; 11 pièces d'employés et rentiers.

MONT-BLANC (du), g. par *Pugin*, rue Joquelet, n° 5, q. du Mail; 19 lits de cordonniers, de 10 à 30 fr. par mois.

MONT-BLANC (du), g. par *Coulin*, rue des Poulies, n° 9, q. S.-Honoré; 24 lits d'empl. et march., de 8 à 30 fr. par m.

MONTBRISON, g. par veuve *Delatánnerie*, rue Pavée, n° 17, q. Montorgueil; 11 lits d'artisans.

MONT-CHENU, p. rue du Faub.-S.-Honoré.

MONT-DE-PIÉTÉ (du), p. rue des Blancs-

Manteaux, n° 18, et de Paradis, n° 7, créé le 9 décemb. 1777 au profit des pauv.

MONT-DE-PIÉTÉ (divis. supplém. du), rue des Petits-Augustins, n° 22.

MONTESPAN (de), g. par *Noyer*, rue S.-Jacq., n° 69, q. S.-Jacq. ; 6 num. d'étud.

MONTESQUIEU, g. par mad. *Macquet*, rue Montesquieu, n° 5, q. de la Banq.-de-Fr.; chamb. de négoc. et propriét.

MONTESQUIEU (des bains), r. Montesquieu.

MONTESQUIOU, p. rue de l'Université.

MONTESQUIOU, p. rue de Monsieur, q. S.-Thomas-d'Aquin.

MONTESSON (anc. où gr. hôt. de), ci-dev. de Schwartzemberg, p. et g. par *Woodthorpe*, rue et q. de la Chaussée-d'Antin; n° 40.

MONTESSON (pet. hôt. de), p. rue de Provence, n° 29.

MONTFERMEIL (de), p. ci-dev. du cardin. Fesch, r. et q. de la Ch.-d'Antin, n° 70.

MONTHOLON (de), p. boul. Poissonnière.

MONTHOLON (de), p. rue S.te-Avoye.

MONTMARTEL (de), p. *voir* LOTERIE.

MONTMARTRE (p. hôt.), g. par mad. *Brard*, rue Montmartre, n° 93, q. du Mail.

MONTMORENCY (de), p. rue S.-Marc.

MONTMORENCY (petit hôtel de), g. par *Delair*, rue Neuve-de-Montmorency, n° 1, q. Feydeau ; chamb. de négocians.

MONTMORENCY (de), p. rue de la Chauss.-d'Antin.

MONTMORENCY (de), p. rue de Bourbon.

MONTMORIN (de), p. rue Plumet.

MONTORGUEIL (de), g. par. . . .

MONT-PARNASSE (du), *voir* PARNASSE.

MONTPELLIER (de), g. par *Lesquilliez*, rue des Vieilles-Etuves, n° 14, q. de la Banq.-de-France ; chamb. d'artis. et ouvriers.

MONTPELLIER (de), g. par Martin, rue du Gindre, n° 12, q. du Luxembourg ; 20 num. de journaliers.

MONTPELLIER (de), g. par *Allut*, rue et q. S.-Jacques, n° 107, 26 num. d'étud. et ouvriers.

MONT-TABOR (spect. du), rue du Mont-Tabor, n° 6, et rue S.-Honoré, n° 355, q. des Tuileries. Séance de M. Comte qui doit aller rue de Grenell.-S.-Hon., n° 55, hôt. des Fermes.

MORANT (café), g. par *Morant*, rue Gré-netat, n° 44, q. de la Porte-S.-Denis ; 10 lits de march. et voyag.

MORTAGNE (de), p. rue de Charonne.

MORTEMART (de), p. rue S.-Guillaume.

MORTHON-DU-BESENVAL (de), p. rue de Grenelle-S.-Germain.

MORY, *voir* MAURY.

MOSELLE (de la), g. par *Vée*, rue Froidmanteau, n° 24, q. S.-Honoré; 24 lits d'empl. et rentiers.

MOSELLE (de la), g. par *Petelle*, rue de l'Arbre-sec, n° 64; q. S.-Honoré; ch. de négoc. et propriét.

MOUCEAUX (de), p. rue de Chartres, q. du Roule.

MOUCHY (de), p. *voir* POIS.

MOULIN (au pet.), g. par *Amiot*, rue des Vertus, n° 14, q. S.-Martin-des-Champs; 13 lits d'ouvriers.

MOULINS (des), g. par *Charmel*, rue des Moulins, n° 21, q. du Pal.-Royal; 9 appartem. de propriét.

MOUSQUETAIRES (des) *v.* QUINZEVINGTS.

MOUSQUETAIRES (des) *voir* GUERRE.

MOUTON - COURONNÉ (au), g. par *Corbeaux*, rue Grénetat, n° 18, q. de la P.-S.-Denis; 39 chamb., 50 lits de march. et voyageurs.

MOUTON-ROUGE (au), g. par *Jomas*, rue Tirechape, n° 13, q. S.-Honoré; 36 lits d'empl. et march. frippiers, de 6 à 15 fr. par mois.

MOUTONS, *voir* TÊTES-DE-MOUTONS.

MOUTONS-BLANCS-DE-S.TE-GENEVIÈVE (aux), g. par *Toulouse*, rue du Faub.-S.-Denis, n° 71, q. du Faub.-Poissonn.; 10 chamb., 20 lits de voyag., de 8 et 20 s. par jour.

MULE-BLANCHE (à la), g. par *Maury*, rue Boucherat, n° 20, q. du Temple ; 7 lits de rouliers.

MUNITO (ou le Chien savant) cour des Fontaines, au Cabinet d'illusion. Cet animal attire beaucoup de monde. Prix 1 et 2 fr.

MUSÉE des Mon. franç., rue des Pet.-Aug., n° 16. Il est concédé à l'Ecol. spéciale des Beaux-Arts, et les monumens seront rendus à S.-Denis et autres destinations.

MUSÉE (du), g. par *Derché*, rue Pierre-Lescot, n° 19, q. S.-Honoré ; 10 lits de négoc. et rent., de 15 à 30 fr. par mois.

MUSÉE ou MUSEUM (du), g. par *Jeandon*, rue Froidmanteau, n° 7, q. des Tuileries, 12 num. d'artis. et ouvr., de 15 à 30 fr. par mois.

MYLORDS (des), g. par *Villemant*, r. et q. du Mail, n° 23 ; 29 lits de nég. et propr., de 20 à 180 fr. par mois.

MYLORDS (des), g. par *Villemant*, rue N.-S.-Eustache, n° 18, q. Montmartre ; chamb de négoc. et propriét.

N.

NAMUR (à la ville de), g. par veuve *Mazeroile*, rue des Lavandières, n° 7, q. S.-Jacques ; 40 pièces d'ouvriers.

NANCY (de), g. par. . . . .

NANCY (hôt. ou café de), g. par *Mercier*, md. de vin, rue de Charonne, n° 1, q. du Faub.-S.-Ant. ; 11 pièc., 28 lits d'ouv.

NANCY (de), g. par *Garin*, rue de Grenelle, n° 40, q. du Faub.-S.-Germ. ; 27 num. d'ouvriers.

NANTES (de), g. par veuve *Doinelle*, rue de Chartres, n° 1, q. des Tuileries ; 24 num. de nég. et propr. Il y a tabl. d'hôte.

NANTES (de), g. par *Lemière*, rue de Richelieu, n° 30, q. du Pal.-Royal ; 16 lits de négocians et propriét., de 10 à 150 fr. par mois.

NANTES (de), par veuve *Devolué*, rue des Vieux-Augustins, n° 47, q. du Mail ; 13 lits de nég. et propr., de 15 à 50 fr. par m.

NANTES (de), g. par *Lelong*, rue des Bons-Enfans, n° 22, q. de la Banq.-de-Fr. ; 24 num. de négoc. et propriét., de 18 à 70 fr. par mois.

NANTES (de), g. par M.lle *Naudet-Duval*, rue Cr.-des-Pet.-Champs, n° 9, et cloître S.-Honoré, n° 17 ; q. de la Banq.-de-Fr. ; 20 num. de négoc. et propr., de 10 à 35 fr. par mois.

NANTES (de), g. par veuve *Plaine*, rue et q. S.-Jacques, n° 79 ; 22 pièces d'étud.

NAPLES (de l'ambass. de), rue de Richelieu, n° 61.

NAPLES ET DES DEUX-SICILES (du charg'

d'aff. du Roi de), rue Traversière S.-Honoré, n° 27 ; M. Romano.

NARBONNE (de), p. rue de la Planche.

NARBONNE (de), g. par mad. *Boutin*, née *Soldini*, rue et q. du Mail, n° 11 ; 7 lits de négocians.

NARBONNE (de), g. par *Brandt*, rue de la Harpe, n° 89, q. de la Sorb.; 24 num. d'étudians.

NARBONNE (pet. hôt. de), g. par *Tronc*, rue de la Harpe, n° 97, q. de la Sorb. ; 74 pièces d'étudians et négoc.

NASSAU (de l'env. de), r. S.-Lazare, n° 56.

NASSAU (de), g. par *Tournier*, rue de la Harpe, n° 85, q. de la Sorbonne ; 25 num. d'étudians

NATIONAL, g. par M.lle *André*, rue du Cadran, n° 29, q. Montmartre ; chamb. d'ouvr. et domestiq.

NATIONS (des 4), g. par *Regnault*, rue Quincampoix, n° 54, q. des Lombards ; 18 lits d'ouvriers.

NATIONS (des 4), g. par *Sirois*, rue Mazarine, n° 33, q. de la Monnaie ; 20 ch. d'étudiants.

NATIONS (coll. des 4) ou Mazarin, quai Conty, n° 19, au Pal. des Beaux-Arts.

NAVARRE (coll. de), p. rue de la Montag.-S.te-Geneviève, n° 55. L'une des entrées de l'Ec.-Polytechniq. dont il fait partie.

NAVARRE (pet. hôt. de), ci-dev. de Normandie, g. par *Ravin*, rue d'Anjou, n° 5, q. de la Monnaie ; 12 ch. d'étud.

NAVETTE-VOLANTE (à la), g. par *Martin*, rue Neuve-S.-Laurent, n° 6, q. S.-Mart.-des-Champs ; 9 lits de tisserands.

NÉGOCIANS (des), g. par *Larmando*, rue de Richelieu, n° 23, q. du Pal.-Royal ; 23 lits de mil. et nég., de 8 à 10 fr. par m.

NÉGOCIANS, *voir* CERCLE.

NELSON (de), g. par *Lion*, rue Neuve-S.-Augustin, n° 44, q. Pl.-Vendôme ; 10 lits d'étrang. et négocians.

NEMOND (de), p. quai de la Tournelle, dit des Miramionnes.

NESLE ou d'AUMONT (de), p. r. de Beaune.

NEVERS (de), *voir* BIBLIOTHÈQ.-ROYALE.

NEVERS (de), g. par *Prud'homme*, rue du Four S.-Honoré, n° 39, q. de la Banq.-de-Fr. ; 28 num. d'étr. et nég., de 10 à 40 fr. par mois.

NEVERS (de), g. par *Sellier*, rue Froidmanteau, n° 8, q. S.-Honoré ; 15 lits de bourg. et autr., de 10 à 36 fr. par mois.

NICOLAÏ (de), p. pl. Royale, q. du Marais.

NICOLAS (à S.), g. par *Deulot*, quai S.-Bernard, n° 79, q. du Jardin-du-Roi.

NINON-DE-L'ENCLOS (de), p. rue des Tournelles.

NISMES (de), g. par mad. *Fries* et *Comp.*,

rue de Grenelle-S.-Honoré, n° 29, q. de
la Banq.-de-France; 35 num. de Belges,
Pruss., nég. et propriét., de 45 à 90 fr.
par m. Il y a table d'hôt. à 3 fr. 50 c.

NISMES (de), g. par *Seret*, rue du Four-
S.-Honoré, n° 31, q. de la Ban.-de-Fr. ;
15 num., 34 lits d'étr., nég. et propriét. ;
de 10 à 40 fr. par mois.

NIVEAU (au), g par *Germain*, rue de la
Vannerie, n° 25, q. des Arcis; ch. de
maçons.

NIVERNAIS (de) p. rue de Tournon, n° 10.

NIVERNAIS (de), g. par *Lesieur*, rue S.-
Jacques, n° 90, q. de la Sorbonne ; 17
pièces d'étud.

NOAILLES (de) dit Lebrun, p. rue S.-Hon.,
n° 337.

NOAILLES-MOUCHY (de), *vois* POIS.

NOAILLES (gr. hôt. de), p. rue de l'Université. On doit y transférer le dépôt de la
Guerre ; et des bureaux dans le pet.-hôt.

NOM-DE-JÉSUS (au), *voir* JÉSUS.

NORD (du), g. par *Coran*, rue de Richelieu, n° 97, q. Feydeau ; 30 num. d'étr.
et propriét.

NORD (du), g. par veuve *Maugran*, place
S.-Germ.-l'Auxerr., n° 41, q. du Louvre;
15 lits d'offic. et propriét.

NORD (du), g. par veuve *Favre*, rue Pastourelle, n° 2, q. du Mont-de-Piété ; 14 lits d'artis. et bourgeois.

NORD (maison du) ; g. par *Douchet*, rue S. Jacques, n° 114, q. de la Sorbonne ; 20 pièces d'étudians.

NORD (pet. hôt. du), g. par *Dandeleux*, rue M. le Prince, n° 19, q. de l'Eç.-de-Médec. ; chamb. d'étudians.

NORMAND (au pet.), g. par *Morieux*, rue de la Mortellerie, n° 108, q. de l'Hôt.-de-Ville ; 14 lits de journaliers.

NORMANDIE (de), ci-devant d'Angers, g. par *Flamand*, rue Neuve-S.-Roch, n° 23, q. du Pal.-Royal ; 3 appart., 11 chamb. de négoc. et propr., de 15 à 50 fr. par m.

NORMANDIE (de), g. par *Gilles*, rue des Boucheries, n° 3, q. du Pal.-Royal ; 38 lits de négoc. et propriét., de 15 à 50 fr. par mois.

NORMANDIE (de), g. par *Cart*, rue de Cléry, n° 14, q. Montmartre ; 12 pièc., 24 lits d'étr., négoc. et propr. de 20 à 300 fr. par mois.

NORMANDIE (de), g. par *Roscias*, rue du Bouloy, n° 6, q. de la Banq.-de-France; 15 num. de nég. et propr., de 12 à 40 fr. par mois.

NORMANDIE (de), ci-dev. café Grim, ou hôt. de Lavaur, g. par *Poulain*, rue d'Or léans, n° 9 , q. de la banque-de-Fr. ; 17 num. d'offic., négoc. et propriét.

NORMANDIE (de), g. par veuve *Serré*, rue du Chantre, n° 17 , q. S.-Honoré.

NORMANDIE (de), g. par *Fontaine*, rue des Lavandières, n° 6 , q. du Louvre ; 12 lits de marchands.

NORMANDIE (mais. de), g. par *Levesque*, rue S.-Denis, n° 318 , q. de la Porte-S.-Denis ; 11 lits d'ouvr. et autres.

NORMANDIE (de) , g. par *Tranchant*, rue de Seine, n° 42 , q. de la Monnaie ; 15 lits d'étudians.

NORMANDIE (p. h. de), g. *voir* NAVARRE.

NORMANDIE (de), g. par *Delaunay.*, rue des Boucheries, n° 54 , q. de la Monnaie; 16 chamb. d'ouv. et voyageurs.

NORMANDIE (de), g. par *Desjardins*, rue Serpente, n° 6 , q. de l'Ec.-de-Médec. ; 18 num. d'étudians.

ORMANDIE (de), g. par veuve *Remillon*, née *Irle* , rue Macon, n° 5 , q. de l'Ec.-de-Médecine ; 17 num. de journaliers.

NORMANDIE (de), g. par *Chaumont*, rue S.-Jacques, n° 136 , q. de la Sorbonne ; 13 pièces d'étudians.

OTRE-DAME (hôt.), g. par *Pégot*, rue du Bouloy, n° 11 , q. de la Banque-de-France ; 18 num. de négoc et propr. , de 14 à 80 fr. par mois.

NOTRE-DAME (à l'image), g. par *Boul*, rue de la Verrerie, n° 30, q. du Marché-S. Jean ; 15 lits de march. et rouliers.

NOTRE-DAME (hôt.), g. par *Massin*, rue du Colombier, n° 15, q. de la Monnaie ; 30 num. d'étudians.

NOTRE-DAME (à l'image), g. par *Chilze*, rue de la Harpe, n° 8, q. de l'Ecole-de-Médec. ; 25 num. d'étudians.

NOURRICES (rend.-v. des), g. par *Houbard* rue de la Bourbe, n° 6, q. de l'Observat. 9 lits de nourrices en chambrée.

NOVION (de), p. rue de la Planche.

NOYER (du petit) ou du Levant, g. pa *Plet*, rue des Noyers, n° 46, q. S.-Jacq. 10 num. d'étudians.

O.

OCTROIS (des), p. rue des Francs-Bourg.

ODÉON (de l'), g. par *Gonlut*, rue du Petit Lion, n° 13, q. du Luxembourg ; 2 num. d'étud. et propriét.

OGNY (d'), p. rue de Clichy.

OISEAUX (café des), g. par veuve *Cusin* rue de Sèvres, n° 133, q. S.-Thoma d'Aquin ; chamb. d'offic. et autres.

OISEAUX (mais. des), p. rue de Sèvres n° 106, près le boulev. ; c'était un hospi de militaires.

Olivier (d'), p. rue de la Pépinière.

Onge, *voir* Saintonge.

Oratoire (de l'), p. rue de ce nom, q. S.-Honoré.

Orient-de-France (le gr.), p. rue du Four S.-Germ., n° 47.

Orient (hôt. du gr.), g. par *Panissot*, rue S.-Dominique, n° 34, q. du Faub.-S.-Germ; 10 num. d'offic. supér. et propr.

Orléans (de la duch- douair.), v. Molé.

Orléans (d'), p. rue du Faub.-du-Roule.

...léans (pavill. d'), p. rue de Provence, n° 56.

Orléans (d'), g. par veuve *Forest*, rue Soly, n° 10, q. du Mail; 12 lits d'artis. et ouvriers.

Orléans (pet. hôt. d'), g. par veuve *Flamand*, rue Neuve-d'Orléans, n° 16, q. Faub.-S.-Denis; 12 lits d'empl. et march.

Orléans (d'), g par *Barrois*, rue des Pet.-Augustins, n° 17, q. de la Monnaie; 10 chamb. d'étrang. et propriét.

Orléans (d'), g. par veuve *Couret*, rue de Seine, n° 18, q. de la Monnaie; 15 chamb. d'étud. et propriét.

Orléans (à la ville d'), g. par *Moulé*, rue d'Enfer, n° 78, q. de l'Observatoire; 3 lits de rouliers.

Ormesson (d') ou de Lesdiguières, p. rue S.-Antoine.

ORMESSON (d') ou de Mayenne , p. rue de
l'Egout S.-Paul , n° 19.

ORNE (de l'), g. par *Rivière*, r. des Vieilles-
Etuves , n° 9, q. S.te-Avoye ; 30 lits
d'ouvriers normands.

ORSAY (d') ou de Clermont, p. r. de Varennes.

OTRANTE (du duc d'), r. d'Artois , n° 9.

OZEMBRAY (d'), p. rue de Bourbon.

P.

PADOUE (du duc de), p. rue de la Chaussée-
d'Antin , n° 12.

PAIRS (pal. de la ch. des), rue de Vaugirard , n° 19 , au Luxembourg.

PAIX (de la), g. par *Roussel*, rue de l'E-
chelle , n° 7 , q. des Tuileries ; 17 num.
de négoc., propriét. et rentiers ; de 12 à
40 fr. par mois.

PAIX (de la), g. par *Chevalier*, rue de la
Chauss.-d'Antin , n° 17 , q. de la Place-
Vendôme ; 12 lits de députés , négoc. et
propriét., de 30 à 60 fr. par mois.

PAIX (de la), g. par *Demange*, rue de la
Paix , n° 10 , q. de la Place-Vendôme ;
10 num. d'étrangers et propriét., de 150
à 400 fr. par mois.

PAIX (de la), g. par *Bonardot*, rue de Richelieu , n° 27 , q. Pal.-Royal ; 4 appart.
18 ch. 26 lits d'étr., nég. et propr., de
à 50 fr. par mois.

PAIX (de la), g. par *Devevey*, rue Neuve-S.-Marc, nᵒˢ 5 et 7, q. Feydeau ; 30 num. de march., propriét. et rentiers.

PAIX (de la), g. par *Chaffet*, rue et q. du Faub.-Montmartre, nᵒ 66 ; 42 lits d'empl. et ouvr., de 8 à 30 fr. par mois.

PAIX (de la), g. par veuve *Josserand*, rue Jocquelet, nᵒ 14, q. du Mail ; 10 lits d'artisans.

PAIX (de la), g. par *Gronffier*, rue Pagevin, nᵒ 12, q. du Mail ; 14 lits de couturièr., militaires et rentiers.

PAIX (de la), g. par veuve *Legros*, rue de Cléry, nᵒ 22, q. Montmartre ; 12 pièces d'étrang. et négoc., de 12 à 50 fr. par m.

PAIX (de la), g. par mad. *Goltz*, rue du Jour, nᵒ 29, q. St.-Eustache ; 5 num., 12 lits d'ouvr., négoc. et rentiers ; de 6 à à 24 fr. par mois.

PAIX (de la), g. par *Tinancourt*, rue des Poulies, nᵒ 15, q. S.-Honoré ; ch. de négoc. et march. de marons.

PAIX (de la), g. par *Gauny*, rue S.-Denis, nᵒ 39, q. des Marchés ; chamb. d'ouvr.

PAIX (café de la), g. par *Fillion*, rue du Temple, nᵒ 129, q. S.-Mart.-des-Champs; 14 lits d'ouvriers.

PAIX (de la), g. par *Bertin-d'Autun*, rue Troussevache, nᵒ 4, q. des Lombards ; 14 lits d'ouvriers.

PAIX (de la), g. par *Léonard*, rue S.te-Avoie, n° 49, q. S.te-Avoie ; 12 lits d'artisans et employés.

PAIX (café de la), g. par *Delot*, rue du Faub.-S.-Antoine, n° 60, q. des Quinze-Vingts ; 16 lits d'ouvriers et rentiers.

PAIX (de la), g. par *Gobled*, rue de Seine, n° 57 (*bis*), q. de la Monnaie ; 6 lits d'ouvriers.

PAIX (de la), g. par *Gérard* fils, rue Mazarine, n° 74, q. de la Monnaie ; 20 chamb. de rentiers.

PAIX (de la), *voir* BEAUNE et RICHELIEU.

PAIX (de la), g. par *Bouffet*, rue Macon, n° 9, q. de l'Ecole-de-Médec. ; 11 num. d'ouvriers.

PAIX (de la), g. par veuve *Durville*, rue Git-le-Cœur, n° 15, q. de l'Ec.-de-Méd.; 20 num. d'étudians.

PAIX (de la), g. par *Renault*, rue Percée, n° 4, q. de l'Ecole-de-Médec. ; 24 num. d'étudians et artisans.

PAIX (de la), g. par *Benoît*, rue des Maçons, n° 17, et de Sorbonne, n° 14, q. de la Sorbonne ; 26 pièces d'étudians.

PAIX (de la), g. par *Lesage*, rue S.-Jacq., n° 110, q. de la Sorbonne ; ch. d'étud.

PAIX (de la), g. par *Alexandre*, rue du Foin, n° 22, q. de la Sorbonne ; 14 pièces d'ouvriers.

PAIX (de la), g. par *Rech* , rue des Amandiers, n°s 3 et 5, q. S.-Jacques ; 18 num. d'étudians,

PAIX (de la), g. par *Villedieu*, rue des Noyers, n° 35, q. S.-Jacques ; 9 num. d'étudians.

PALAIS-BOURBON , *voir* BOURBON, LUXEMBOURG, ROYAL, etc.

PALAIS (mais. du), g. par *Lagrange*, pl. du Palais-de-Justice , n° 4, q. de la Cité ; 16 lits d'élèves et négoc.

PANIER-FLEURY (au), g. par veuve *Morel*, rue et q. du Faub-Montmartre , n° 76 ; 65 lits d'artisans, employés et autres.

PANIER-FLEURY (au), g. par *Dorius*, rue Mercière , n° 9, q. de la Banq.-de-Fr. ; chamb. d'individus à la nuit.

PANIER-FLEURY (au), g. par *Boissonal*, rue Mazarine , n° 56, q. de la Monnaie ; ch. d'ouvriers.

PANORAMAS d'Amsterdam , de Rome et Naples (les), boul. Montmart. , n° 7, tous les jours ; prix 2 fr. chaque. Ils sont admirables.

PANTHÉON (du), g. par *Hachard*, rue des Cordiers , n° 8, q. de la Sorbonne ; 18 pièces d'étudians , de 8 à 15 fr. par mois,

PANTHÉON (du), g. par *Ormancey*, rue des Noyers, n° 34, q. S.-Jacques ; 9 pièces d'étudians.

PAON (du), g. par *Rousseau*, rue et q. de l'Ec.-de-Médec., n° 24; 32 num. d'étud.

PAPHOS (de), g. par *Delamotte*, rue et q. du Temple, n° 110; 12 lits de bourgeois, militaires et ouvrières.

PAPHOS (pavill. de), p. au coin des rue et boul. du Temple, mais. de jeux, n° 110.

PARIS (de), g. par mad. *Coster-S.-Victor*, boulev. de la Madeleine, n° 11, q. de la Place-Vendôme; appartem. d'offic. supér. anglais et propriét. de marque.

PARIS (de), g. par *Danctoville*, rue Froid-manteau, n° 15, q. des Tuileries; 18 num. de march., propriét. et ouvriers de 9 à 30 fr. par mois.

PARIS (de)) g. par veuve *Saivres*, rue de Richelieu, n° 67, q. Feydeau; 35 num. d'offic. et négocians.

PARIS (de), g. par *Jannon*, rue de 'la Calandre, n° 25, q. de la Cité; ch. d'ouvr.

PARLEMENT-D'ANGLETERRE (du), g. par veuve *Lafontaine*, née *Barbe*, rue d Cléry, n° 26, q. Montmartre, 25 num. d'étrang. et propriét.

PARNASSE (du mont), g. par *Chocat*, ru S.-Jacques, n° 171, q. de l'Observat.; 15 num. d'étudians.

PAS (aux 3), g. par *Barmont*, rue Plumet, n° 15, q. S.-Thomas-d'Aquin; chamb. d'officiers

PAS-DE-LA-MULE (du), g. par *Bouvet*, rue du Pas-de-la-Mule, n° 1, q. du Marais; chamb. de rouliers.

PASSAGE (du), g. par *Marminiat*, rue S.te-Hyacinte, n° 10, q. de la Sorbonne; 16 pièces d'étud. et officiers.

PATÉ (au), g. par *Michel*, dit *Donné*, rue de la Grande-fripperie, n° 2, q. des Marchés; chamb. de boulangers.

PAVILLONS (des 2), g. par *Vanheumen*, rue de Rivoli, n° 4, q. des Tuileries; 12 num. de négocians et propriét.

PAYS-BAS (de l'ambass. dés), p. rue Taitbout, n° 3, ci-devant rue S.-Dominique, n° 100.

PELLETIER, p. vieille rue du Temple.

PENTHIÈVRE (de), jadis de Pomponne ou Toulouse, p. rue de la Vrillière, n° 1; c'est la Banque de France.

PENTHIÈVRE (de), p. rue S.-Dominique, faub. S. Germain.

PÉPINIÈRE (de la), g. par *Chartier*, rue de la Pépinière, n° 49, q. du Roule; pension bourgeoise.

PERCHE (du), g. par *Verdier*, rue S.-Jean-de-Beauvais, n° 25, q. S.-Jacques; 3 pièces d'ouvriers.

PERDREAUX (aux 3), g. par *Maréchal*, rue S.-Martin, n° 87, q. des Lombards; 20 lits de marchands et ouvriers.

PÈRE-DE-FAMILLE (au), g. par *Buron*, rue Quincampoix, n° 51, q. des Lombards; 15 lits de marchands.

PÈRE-DE-FAMILLE (au), g. par *Vial*, rue S.-Jacques-de-la-Boucherie, n° 20, q. des Lombards; 9 lits d'ouvrières.

PÈRE-DE-FAMILLE (au), g. par *Tessel*, rue de la Vannerie, n° 21, q. des Arcis; 50 lits d'ouvriers et journaliers de toutes classes.

PÈRE-DE-FAMILLE (au), g. par *Vernet*, rue du Faub.-S.-Ant., n° 158, q. des Quinze-Vingts; chamb. de marbriers et à la nuit.

PÈRES (des petits), ci-dev. des Etats-Unis, g. par *Bohain*, passage des Petits-Pères, n° 3 q. du Mail; 30 lits de nég. et propr., de 30 à 150 fr. par mois.

PERFECTION (mais. de la) g. par *Bitry*, rue de la Harpe, n° 68 (*bis*), q. de l'Ec.-de-Médec.; chamb. d'étudians.

PÉRIGORD (du), g. par *Deguibert*, rue de Valois, n° 4, q. des Tuileries; 35 num. de négoc. et propr., de 12 à 50 fr. par m.

PÉRIGORD (du), g. par *Leleu*, rue et q. S.-JACQUES, n° 55; 15 pièces d'étudians.

PÉRIGUEUX (de) dit Guimard, p. rue

PÉRONNE (de), g. par *Preau*, rue des Cinq-Diamans, n° 26, q. des Lombards; 21 lits d'ouvriers de tous états.

PÉROU (du), g. par mad. *Sancey* née *Peleys*, rue Neuve-S.-Eustache, n° 37, q. Montmartre ; 12 pièces de milit. , négoc. et rentiers, de 14 à 100 fr. par mois.

PÉROU (du)

PERREGAUX, p. rue de la Chaussée-d'Antin, n° 9.

PERSAN, p. rue des Fossés-du-Temple.

PERSE (de l'envoyé du Sophi de), p. rue Monsieur, n° 8. Dawoud-Zadour, reçu par S. M., le 9 juin, 1816 ; parti pour la Perse.

PETERSBOURG (S.), g. par *Vallet*, rue de Miroménil, n° 3, q. du Roule ; 19 lits de négoc. et propriét.

PETERSBOURG (S.), g. par.

PETITS-CHAMPS, *voir* CHAMPS, PÈRES, etc.

PEYRUSSE, p. rue du Petit-Vaugirard.

PHAR (S.), g. par veuve *Mathon*, boulev. Poissonnière, n° 22, q. du F.-Monmart. ; 18 num. de négoc. et propriét. , de 40 à 160 fr. par mois.

PHARMACIE (école de), p, rue de l'Arbalète.

PHILANTROPIQUE, *v.* SOCIÉTÉ-COLONIALE.

PHYSIQUE, et Fantasmagorie, Optique, Perspective, etc., par M. *Lebreton*, rue S.-Germ.-des-Prez, n° 15. P. 1 fr. 50 c., 3 fr. et 5 fr. Ce cabinet est digne de l'admiration publique. *V. aussi* ROBERTSON.

PICARD (au franc), g. par *Maillard*, rue de

la Tonnellerie, n° 99, q. Montorgueil;
10 lits de march. de beurre, de 8 à 24 fr.
par mois.

PICARDIE (de), g. par veuve *Cottenech.*, rue
des Vieux-Augustins, n° 49, q. du Mail;
11 lits de négoc. et propriét., de 18 à 40 fr.
par mois.

PICARDIE (de), g. par veuve *S.te-Marie*,
rue du Faub.-S.-Martin, n° 8, q. de la
Porte-S.-Martin; 33 lits de négocians,
march. et ouvr., de 5 à 25 fr. par mois.

PICARDIE (de), g. par *Perrot*, rue Jean-
Pain-Molet, n° 12; q. des Arcis; 15 lits
de march. et voyageurs.

PICARDIE (de), g. par *Machard*, rue de
Seine, n° 19, q. de la Monnaie; 15 ch.
de marchands.

PICARDIE (de), g. par *Gallet*, rue des Poi-
rées, n° 8, q. de la Sorbonne; 16 pièces
d'ouvriers.

PICARDS (des francs), g. par veuve *Thomeret* femme *Bourgeois*, rue du Caire,
n° 4, q. Bonne-Nouvelle; chambrées d
maçons.

PIÉMONT (de l'envoyé du), *v.* SARDAIGNE.

PIÉMONT (du), g. par *Destefanis*, rue S.te-
Anne, n° 12, q. du Palais-Royal; 17
chamb., 19 lits de négoc. et propriét.

PIÉMONT (du), ci-dev. de Venise, g. par
Serpeille, rue de Richelieu, n° 22, q.

du Palais-Royal ; 4 appart., 11 chamb., 19 lits de négoc. et couturières, de 12 à 100 fr. par mois.

PIERRE (spectacle de), tenu par ses Elèves, rue du Port-Mahon, n° 4. Tous les jours à 7 heures. Prix 1 franc et au-dessus. Il doit fixer l'attention des étrangers, et sera sous peu rue et galerie Montesquieu.

PIERRE (S.), g. par *Guichot*, rue Neuve-de-Richelieu, n° 8, q. de la Sorbonne ; 46 pièces d'étudians.

PIERRE (S.), g. par *Marquis*, rue Percée, n° 7, q. de l'Ecole-de-Médec. ; 15 num. à la nuit pour journal. et militaires.

PIERRE (à l'image S.), g. par *Parisot*, rue S.te-Marguerite, n° 31, q. du Faub.-S.-Antoine ; chamb. d'ouvriers.

PIERRE (pet. hôt. S.), g. par *Clanel*, rue N.-D.-des-Victoires, n° 20, q. du Mail ; 10 lits de négocians et propriét. ; de 18 à 60 fr. par mois.

PIERRE-LE-GRAND (de), g. par *Pierre*, rue Gaillon, n° 3, q. Feydeau ; 15 num. de négoc. et propriétaires.

PINON, *voir* GRANGE-BATELIÈRE.

PLACEMENS de Commis, Dame de compagn. Ouvrières et autres personnes à gages, (direct. génér. de) rue de Clichy, n° 33, q. du Roule ; M. Defferampont, directeur-génér., et rue Traversière-S.-Hon., n° 23.

PLACEMENT (bureau de), rue des Fossés-
Montmartre, n° 15, au rez-de-chaussée.

PLAT-DÉTAIN (au), g. par *Pihiet*, rue et
carré S.-Martin, n° 256, q. S.-Martin-
des-Champs ; 24 lits, de march., négoc.
et voyageurs.

PLESSIS (coll. du), p. rue et q. S.-Jacq. ;
n° 115.

PLESSIS (hôt. du), p. rue de la Planche,
faub. S.-Germain.

POINT-DU-JOUR (café du), g. par *Hé-
rouard*, rue Faub. du Temple, n° 4, q.
du Temple ; chamb. d'artisans et autres.

POINT-DU-JOUR (au), g. par *Poulain*, rue
de Ménilmontant, n° 82, q. Popincourt ;
8 chamb. d'artisans.

POINT-DU-JOUR (au), g. par *Lagniel*, es-
planade et q. des Invalides, n° 32.

POISSONNIÈRE (pet. hôt.), g. par *Vincent*,
rue et q. Faub.-Poissonnière, n° 70 ; ch.
d'offic., de 10 à 20 fr. par mois.

POISSONS (aux 3), g. par *Maurice*, rue
Maubuée, n° 19, q. S.te-Avoye, chamb.
d'ouvriers.

POITEVIN (des bains), quai des Ormes.

POITIERS (de), p. rue S.-Dominique, faub.
S.-Germain.

POIX (du pr. de) ou de Noaille-Mouchy,
p. rue de l'Université.

POL (S.) ou de la Force, p. rue du Roi-
de-Sicile.

POLICE-GÉNÉRALE (du minist. de la) dit de Juigné, p. quai Malaquais, nº 11. Audience les mardis de 4 à 5 heures.

POLICE DE PARIS, *voir* PRÉFECTURE.

POLICE MILITAIRE de la 1ʳᵉ divis., place Louis XV, nº 8. M. le comte de Sartige, direct.-génér.; M. d'Régel, chef.

POLOGNE (de l'envoyé de), *voir* RUSSIE.

POLOGNE (de), g. par *Ragoneau*, rue du Hazard, nº 11, q. du Palais-Royal; 11 num. de rentiers, de 10 à 50 fr. par mois.

POLOGNE (de), g. par *Blos*, rue et q. S.te-Avoye, nº 53; 9 lits de marchands.

POLOGNE (gr. hôt. de), ci-dev. de Rome, g. par *Besson*, rue S.-Honoré, nº 368, q. de la Pl.-Vendôme; 12 num. d'étrang. de marque, de 400 à 600 fr. par mois.

POLOGNE (pet. hôt. de), ci-dev. de Poitou, g. par M.lle *Lecoinire*, rue du Pont-aux-Choux, nº 13, q. du Marais; 20 chamb. d'artisans.

POLOGNE (pet. hôt. de), g. par *Relieur*, rue de l'Hirondelle, nº 29, q. de l'Ec.-de-Médec.; 16 num. de journaliers.

POLYMATIQUE (bur.), p. rue de la Chaise, nº 20.

POLYTECHNIQUE (école), p. rue de la Montagne-S.te-Geneviève, nº 55 et rue Descartes, nºˢ 1 et 21, q. S.-Jacq. Elle est formée par les coll. Boncourt et de Navarre.

12

POMME-DE-PIN (à la), g. par *Goglet*, rue des Prêcheurs, n° 28, q. des Marchés ; 15 lits de march. de marée.

POMME-D'ORANGE (à la), g. par *Carrière*, rue du Four, n° 16, q. de la Monnaie ; chamb. de march. forains.

POMPONNE (de), p. r. de la Verrerie, n° 60.

POMPONNE (de), p. *voir* PENTHIÈVRE.

PONDICHÉRY (de), g. par *Drieux*, rue Traversière, n° 21, q. du Palais-Royal ; 12 num., 17 lits de banquiers, négoc. et propriét., de 20 à 60 fr. par mois.

PONS (de), p. rue des SS.-Pères.

PONTCHARTRAIN (de), p. *voir* FINANCES (du ministre des).

PONT-DES-ARTS (du), g. par mad. *Doré*, rue des Marais, n° 3, q. de la Monnaie ; 20 num. de propriét.

PONTS-ET-CHAUSSÉES (des), p. rue de l'Université, n° 118.

PONTS (de 2), g. par *Laby*, rue du Hazard, n°s 7 et 9, q. du Pal.-Royal ; 12 num. d'étrang. de marque, de 12 à 40 fr. par mois.

PONTS (des 2), g. par mad. *Desjardins*, rue des Deux-Ponts, n° 3, q. de l'Isle-S.-Louis ; 13 lits de march. de vin.

PONTS (des 2), g. par *Bauchard*, rue de la Juiverie, n° 19, q. de la Cité ; 9 lits d'élèves et bourgeois.

POPINCOURT (de), g. par veuve *Gallet*, rue et q. Popincourt, n° 55; 12 chamb. d'officiers et autres.

PORTE (de la sublime), *voir* TURQUIE.

PORTES (des 2), g. par *Naudin*, rue des Deux-Portes, n° 6, q. du Marché-S.-Jean; chamb. de march. et autres.

PORTUGAL (de l'ambass. de), rue de la Chaussée-d'Antin, n° 7; le chargé d'aff., rue de Sèvres, n° 83.

PORTUGAL (gr. hôt. de), g. par *Bastin*, rue et q. du Mail, n° 8; 24 lits de nég. portug. et autres, de 30 à 150 fr. par m.

POSTES (gr. hôt. des), g. par *Laurent*, rue Montorgueil, n° 57, q. S.-Eustache; 20 num. d'étrang., march. et négoc., de 25 s. à 3 fr. par jour.

POSTES (au rend.-v. des) ci-dev. des Courriers, g. par *Toussaint Macherat*, rue J.-J. Rousseau, n° 20, q. S.-Eustache; pour les courriers, négoc. et officiers.

POSTES-AUX-CHEVAUX (des), p. rue S.-Germ.-des-Prez, n° 10, faub. S.-Germ., q. de la Monnaie.

POSTE-AUX-CHEVAUX (anc. hôt. des), g. par *Muiron*, rue des Fossés-S.-Germain-l'Auxerr. n° 26, q. S.-Honoré; 53 lits de négoc., propriét. et voyag., de 20 à 30 fr. par mois. On y mange à tous prix.

POSTES-AUX-LETTRES (des) ou d'Armenonville, p. rue J.-J. Rousseau, n° 9, q. S.-Eustache.

PRASLIN, dit BELLE-ISLE (de) p. rue de Bourbon, n° 54.

PRÉFECTURE DE POLICE (de la), p. près le quai des Orfèvres, rue de Jérusalem, n° 7, et quai de l'Horloge, n° 47, q. du Pal.-de-Justice. Audience publique les lundis de midi à 2 heures.

PRÉFECTURE DU DÉPARTEM. DE LA SEINE (de la), p. place de Grève, q. de l'Hôtel-de-Ville.

PRESBYTÈRE (du), p. rue Traînée.

PRIEUR (du gr.), voir TEMPLE.

PRINCE-RÉGENT (du), g. par mad. Choicet-de-la-Fontaine, rue S.te-Hyacinte, n° 10, q. du Pal.-Royal; 39 lits d'étrang., offic. et propriétaires.

PRINCES (des), g. par Degosse, rue de Richelieu, n° 109, q. Feydeau; 40 num. d'ambass., princes et propriét.

PROFESSEURS de langue italienne; MM. Benedetti, rue S.-Denis, n° 357; leçons d'une heure et demie pour 30 s., 2 fr. et 3 fr.; et Auberti, rue du Temple, n° 85.

PROUVAIRES (des), g. par Gagne, traiteur, rue des Prouvaires, n° 12, q. S.-Eustache; 10 num., 27 lits d'étrang., march. et nég. de 6 à 45 fr. par mois.

PROVENCE (de), g. par Démongeot, rue

Traversière, n° 36, q. du Pal.-Royal ; 12 num. de banquiers et rentiers, de 20 à 50 fr. par mois.

PROVENCE (hôt. et mag. de), p. rue et q. S.-Honoré, n° 129 ; très-assorti en commestibles et liqueurs.

PROVENCE, *voir* DIABLES-DE-PROVENCE.

PROVENCE (de), g. par veuve *Bailly*, rue Pavée, n° 9, q. Montorgueil ; 17 lits de march. et autres ; de 6 à 15 fr. par mois.

PROVENCE (de), g. par *Dalmas*, rue des SS -Pères, n° 21, q. de la Monnaie ; 12 num. de négoc. et autres.

PROVIDENCE (de la), g. par *Clin*, rue d'Argenteuil, n° 64 q. du Pal.-Royal ; 5 ch. de négoc. et propr., de 15 à 50 fr. par m.

PROVIDENCE (de la), g. par *Bocage*, cul-de-sac S.-Pierre, n° 4, q. du Mail ; 46 lits de négoc., propr. et voyag., de 15 à 80 fr. par mois.

PROVIDENCE (de la), g. par *Loriot*, rue du Four-S.-Honoré, n° 10, q S.-Eustach. 28 num. d'étrang., négoc. et propr., de 10 à 60 fr. par mois.

PROVIDENCE (de la), g. par *Dubois*, rue d'Orléans S.-Honoré, n° 17, q. de la Banq.-de-Fr. ; 24 num. d'étrang. et propr. de 24 à 75 fr. par mois.

PROVIDENCE (de la), g. par *Lorichon*, pl. du Louvre, n° 18, en face les colonnades,

12.

q. S.-Honoré ; 9 lits d'empl. et propr., de 8 à 30 fr. par mois.

PROVIDENCE (de la), g. par *Caillaud*, rue S.-Denis, n° 291, q. Montorgueil ; 14 lits d'ouvriers, de 5 à 15 fr. par mois.

PROVIDENCE (à la), g. par *Gay*, rue Jean-de-l'Epine, n° 19, q. des Arcis ; 5 lits d'ouvriers.

PROVIDENCE (à la), g. par *Desgranges*, rue de la Coutellerie, n° 27, q. des Arcis; 32 lits d'ouvriers.

PROVIDENCE (à la), g. par *Fournaise*, rue Beaubourg, n° 14, q. S.te-Avoye ; 36 lits d'ouvriers.

PROVIDENCE (à la), g. par *Briolle*, marché Beauveau, n° 8, q. des Quinze-Vingts; chamb. de march. et rouliers.

PROVIDENCE (à la), g. par *Micop*, rue de la Mortellerie, n° 128, q. de l'Hôt.-de-Ville ; chamb. de maçons.

PROVIDENCE (à la), g. par veuve *Labbé*, rue des Canettes, n° 6, q. du Luxemb. ; 21 num. de journaliers.

PROVIDENCE (à la), g. par *Damars*, rue M. le Prince, n° 11, q. de l'Ec.-de-Méd. 12 num. d'étudians.

PROVIDENCE (à la), g. par *Delaunay*, rue de Cluny, n° 4, q. de la Sorbonne ; 21 pièces d'étudians.

PROVIDENCE (à la), g. par veuve *Savanne*,

rue du Foin, n° 19, q. de la Sorbonne ; chamb. d'ouvr. et ouvrières.

PROVIDENCE (à la), g. par *Lemaire*, rue des Trois-Portes, n° 12, q. S.-Jacques ; 8 chamb., 24 lits d'étudians.

PROVIDENCE (à la), g. par *Barault*, rue S.-Jean-de-Beauvais, n° 1, q. S.-Jacques ; 15 num. d'étudians.

PROVIDENCE (à la), g. par *Cartal*, rue du Paon, n° 4, q. du Jardin-du-Roi ; 24 chamb., 32 lits d'ouvr. à la nuit.

PROVIDENCE (à la), g. par *Levasseur*, rue Traversine, n° 13, q. du Jard.-du-Roi ; 12 lits d'ouvr. à la nuit.

PROVINCES (des 4), g. par *Maréchal*, rue Tiquetonne, n° 7, q. S.-Eustache ; 17 ch. de cordonn. et autres, de 5 à 7 fr. par m.

PRUDENCE (de la) *voir* BELFORT.

PRUSSE (de l'ambass. de), M. le comte de Goldz, rue de Bourbon, n° 86., M. Hardenberg, rue Neuve-S.-Augustin, n° 57.

PRUSSE (de), g. par *Lauer*, rue de Provence, n° 24, q. de la Chaussée-d'Antin ; 18 num. d'étrang. et autres.

PSYCHÉ (jard. de), boulev. des Invalides, n° 29, et rue Plumet, n° 27.

PUITS-D'AMOUR (au), g. par *Barot*, rue des Vieux-Augustins, n° 9, q. du Mail ; 9 lits d'ouvr., de 10 à 30 fr. par mois.

PUITS-SANS-VIN (au), g. par *Couteneau*,

rue Traverse, n° 20, q. S.-Thomas-
d'Aquin ; chamb. d'offic. et charpentiers.

Puy-de-Dôme (du), g. par *Mongéal*, rue
des Poulies, n° 7, q. S.-Honoré; 34 lits
de march. et propriét., de 6 à 30 fr. pa
mois. On y mange à 40 et 45 s. par tête

Puy-de-Dôme (du), g. par *Beaufils*, ru
S.-Jacques, n° 108, q. de la Sorbonne
21 pièces d'étudians.

Puy-de-Dôme (au), g. par *Roux*, rue de
Grands-Dégrés, n° 10, q. S.-Jacques
9 num. d'imprimeurs.

Pyrennées (des), g. par *Catala*, rue d
Hazard, n° 3, q. du Pal.-Royal; 6 num
16 lits de propr. et banq., de 15 à 200 fr
par mois.

Pyrennées (des), g. par *Maillard*, rue d
Cléry, n° 10, q. Montmartre ; 8 num
de milit., négoc. et propriét.

Pyrennées (des), g. par *Honein*, rue Ser
pente, n° 3, q. de l'Ec.-de-Médecine
15 num. d'étudians.

Q.

Quatremer, p. rue du Bouloy.
Quenhouen, p. rue de Sèvres.
Quinze-Vingts (des), g. par mad. *Gau
tier*, rue de Chartres, n° 2, q. des Tuile
10 num. de nég. et propr., de 15 à 40 f
par mois.

QUINZE-VINGTS (des), g. par mad. *Gaultier*, rue N.-D.-des-Victoires, n° 13, q. du Mail ; 16 lits de propr., de 30 à 300 fr. par mois. Table d'hôte à 3 fr.

QUINZE-VINGTS (des), jadis des Mousquetaires, p. rue de Charenton, q. des Quinze-Vingts.

R.

RADZIWILL (du pass.), g. par *Bataille*, rue de Valois, n° 48, q. du Pal. Royal ; chamb. de négocians.

RAGUSE (du duc de), ou maréch. Marmont, rue du Faub.-S.-Honoré, n° 49.

RAGUSE (de la duch. de), p. rue de Paradis, n° 43, q. du Faub.-Poissonnière.

RAMBOUILLET (anc. hôt. de), *v.* ECURIES-DU-ROI.

RAMPON (de), p. rue de Matignon.

RAPP (du général), p. rue Plumet.

RASTADT (de), g. par *Doyen*, rue Neuve-S.-Augustin, n° 49, q. de la Place-Vend. 4 lits d'étrang. et négocians.

RÉCAMIER, p. rue Chauss.-d'Antin, n° 11.

RÉCLAMATIONS contre le Gouvern. anglais, (bur. des), rue N.-des-Capucin., n° 3.

RÉGENT ; *voir* PRINCE-RÉGENT.

REGGIO (du duc de), p. rue Grange-Batelière, n° 1.

REGNAULT-DE-S.-JEAN-D'ANGELY (de), p. rue de Provence, n° 54.

REINE-MARGUERITE (de la), *v.* MIRABEAU.

RELATIONS-EXTÉRIEURES (du minist. des) ou Galiffet, rue du Bac, n° 84. On demande à S. Ex. les audiences par écrit.

RELATIONS-EXTÉRIEURES (nouv. hôt. du minist. des), en construct., quai d'Orsay.

RENARD-ROUGE (au), g. par *Doudan*, rue S.-Denis, n° 257, q. Montorgueil ; ch. de rouliers.

RENDEZ-VOUS (du), g. par *Chabot*, rue e q. Montmartre, n° 126 ; ch. de march. négoc. et voyag.

RENDEZ-VOUS (au), g. par *Beaudry*, ru de la Tixeranderie, n° 57, q. du Marché S.-Jean ; 5 lits de m.ds de vin et ouvr.

RENDEZ-VOUS (café du), g. par *Ramoger* quai de l'Ecole, n° 2, q. du Louvre chamb. d'étrang. et négocians.

RENNES (de) dit Bourget, g, par M.lle *Jo main*, rue des Deux-Ecus, n° 23, q. d la Banq.-de-France ; 78 num. de march. négoc. et propr., de 8 à 30 fr. par mois.

RETIRO (du) dit de la Cour des Coches rue du Faub.-S.-Honoré, n° 30 ; et Su renne, n° 15, par M. *Dumonceau*, propr

RÉUNION (de la), g. par *Hardy*, rue S Pierre, n° 28, q. du Mail ; 36 lits d négoc. et propr., de 25 à 150 fr. par m.

RÉUNION (de la), g. par *Droux*, rue du Jour, n° 25, q. S.-Eustache ; 27 pièces de négoc. et rentiers, de 10 à 45 fr. par mois. Table d'hôte à.

RÉUNION (de la), g. par *Bodson*, rue Clocheperche, n° 7, q. du Marché-S.-Jean ; 11 lits de march. et négoc.

RÉUNION (de la), g. par *mad. Bestif* née *Helye*, rue de la Harpe, n° 17, q. de la Sorbonne ; chamb. de taill. de pierre.

REYNIER (de la), p. rue et q. des Champs-Elysées ; *voir aussi* LAREYNIE.

RHEIMS (de), g. par *Lallemand*, rue Froid-manteau, n° 17, q. des Tuileries ; 16 num. d'ouvr. et domestiq.

RHEIMS (à la ville de), g. par *Weppler*, quai de Billy, n° 32, q. des Ch.-Elysées ; 3 chamb. de rentiers et voyag.

RHEIMS (de), g. par *Guérin*, rue Phélip-peaux, n° 18, q. S.-Martin-des Champs ; 12 lits de march. et ouvriers.

RHEIMS (de), g. par *Vavasseur-Deperriè-res*, rue de la Verrerie, n° 83, q. des Arcis ; 39 lits de march. et voyag.

RHEIMS (de), g. par veuve *Parent*, rue des Nonaindières, n°s 22 et 24, q. de l'Arsenal ; 30 lits d'artisans et ouvriers.

RHEIMS (de), g. par *Royer*, rue de l'Hirondelle, n° 31, q. de l'Ec.-de-Médec. ; 18 num. de journaliers.

RHEIMS (pét. hôt. de), g. par *Lescure*, rue de la Harpe, n° 65 , q. de la Sorbonne ; 15 pièces d'ouvriers.

RHEIMS (coll. de), p. rue des Sept-Voyes.

RHIN (du), g. par *Voulatum* dit *Thomassin*, rue du Helder , n° 11 , q. de la Chauss.-d'Antin ; 30 num. d'étrang. de marque.

RHIN ET DE LONDRES (du), g. par *Ehinguer*, rue Cr.-des-petits-Champs , n° 22, q. de la Banq.-de-Fr. ; 23 num. d'offic. , négoc., propriét. et voyag., de 10 à 60 fr. par mois.

RHIN ET MOSELLE (du), g. par veuve *Éloy*, place Vendôme , n° 4, q. du Pal.-Royal ; 6 appart. , 3 chamb. et 20 lits d'étrang de marque, offic. et propriét. , de 30 500 fr. par mois.

RHIN ET MOSELLE (pet. hôt. du), g. pa *Beaulieu*, rue Neuve-des-Capucines n° 3 , q. de la Pl. Vendôme ; appartem et chamb. d'étrang., génér. et propriét.

RHÔNE (du) ci-dev. de Grenoble , g. pa *Chavan*, rue du Croissant, n° 6 , q. Mont martre ; chamb. d'ouvriers et rentiers.

RHÔNE (du), g. par *Terret*, rue S.-Denis n° 201 , q. Montorgueil ; 16 lits de cor royeurs et tanneurs, de 7 à 15 fr. par m

RICHEBOURG (de), p. rue de Courcelles n° 10 , q. du Roule.

RICHELIEU (de) ci-dev. des Américains , b

par *Gabr. Turin*, rue de Richelieu, n° 76, q. Feydeau; appart. et chamb. de génér., négoc. et propriét.

RICHELIEU (de), g. par *Grégoire*, rue N.-S.-Augustin, n° 30, q. Feydeau; 25 num. de princes, génér. et propriét.

RICHELIEU (de) ci-dev. de la Paix, g. par *Gambut*, rue Neuve-de-Richelieu, n° 5, q. de la Sorbonne; 10 pièces d'étudians.

RICHEPANSE (de), p. boul. des Invalides.

RIVOLI (de), g. par *Bouchelet*, rue du Dauphin, n° 5, q. des Tuileries; 28 num. d'offic., négoc. et propr., de 15 à 50 fr. par mois.

RIVOLI (gr. hôt. de), g. par *Lenoir*, rue de Rivoli, n° 26, q. des Tuileries; 29 num. d'étrang. de marque et propriét.

RIVOLI (de), g. par *Huet*, rue Pierre-Lescot, n° 18, q. S.-Honoré; 15 lits de négoc., et à la nuit, de 7 à 12 fr. par mois. *Voy* aussi FRANCE.

ROBERTSON (spect. de), boul. Montmart. hôt. d'Yorck, n° 12. Il est difficile de porter plus loin les effets de l'optique; l'illusion est complète. On commence à 7 heur.; prix 5 et 3 fr.

ROCH (S.), g. par *Télémaque*, rue Neuve-S.-Roch, n° 39, q. du Palais-Royal; 13 pièces de milit. et négoc., de 12 à 70 fr. par mois.

ROCHECHOUART (de), *voir* AUGEREAU.

ROCHEFORT (de), p. rue.

ROCHEFOUCAULT (de la) ou de Liancourt, p. rue de Seine, faub. S.-Germain.

ROHAN (du pr. Camille de), p. rue d Caumartin.

ROHAN-ROCHEFORT (de), p. rue de Va rennes, n° 39. Il y a des bureaux de l Guerre, sous la direction de M. le vi comte Tabarié.

ROHAN-SOUBISE (du pr. de), p. rues d Paradis, du Chaume et Vieille-rue-du Temple, au Marais.

ROI-FRANÇOIS (du), g. par *Lefèvre*, ru S.-Denis, n° 332, q. de la Porte-S.-Denis chamb. d'ouvriers. Il y a café, estamin

ROME (de l'env. de), rue.

ROME (du chargé d'affair. pour le renvoi de archiv. pontificales à), rue du Bac, n° 41 hôt. de Boulogne ; M. le comte Gimnasi

ROME (de), g. par *Beaudouin*, rue N.-des Capucines, n° 3, q. Pl.-Vendôme ; 1 lits de génér., négoc. et propr,, de 10 100 fr. par mois.

ROME (de), g. par *Leleu*, rue de la Jus sienne, n° 5, q. du Mail ; 9 lits de nég. rentiers et ouvriers, de 12 à 40 fr. par m

ROME (de), g. par *Luys*, rue de Seine n° 63, q. de la Monnaie ; 12 ch. d'étud.

ROME (de), p. rue S.-Dominiq.-S.-Germ.

ROME (de) , g. par veuve *Jacotin* ; rue des Cordiers, n° 6, q. de la Sorbonne ; ch. d'ouvriers.

ROME (gr. hôt. de), *voir* POLOGNE.

ROQUELAURE (de), *voir* MOLÉ.

ROSE-ROUGE (à la), g. par *Grozier*, Vieille-rue-du-Temple, n° 53, q. du Mont-de-Piété; 11 lits d'ouvr. et ouvrières.

ROSE-ROUGE (à la), g. par *Souard*, rue S.te-Marguerite, n° 20, q. du Faub.-S.-Antoine ; chamb. de figuristes et conducteurs d'animaux.

ROSIERS (des) g. par *Supligeot*, rue des Rosiers, n° 38, q. du Marché-S.-Jean ; chamb. d'ouvriers.

ROTONDE-DU-TEMPLE (de la), p. enclos et q. du Temple.

ROUEN (de), g. par mad. *Labadi-Vazille*, rues des Filles-S.-Thomas, n° 16 et des Colonnes, n° 1, q. Feydeau ; toute la mais. pour des nég. et propriét. Il y a des bains.

ROUEN (à la v. ou hôt. de), g. par *Rasteau*, rue d'Angivilliers, n° 8, q. S.-Hon., 37 lits de négoc. et propr., de 12 à 70 fr. par mois On y dîne à 2 fr.

ROUEN (café de), g. par *Pasquin*, rue d'Angivilliers, n° 6, q. S.-Honoré ; 18 lits d'empl. et nég., de 20 à 36 fr. par m.

ROUEN (à la v. de), g. par *Esprit*, rue des

Filles-Dieu, n° 14, q. Bonne-Nouvelle ; chamb. de charrons et serrur. à la nuit.

ROUEN (de), g. par *Saussay*, rue S.-Denis, n° 234, q. de la Porte-S.-Denis ; 28 lits de march. et voyag.

ROUEN (de), g. par *Vanderthuynen*, rue des Cordiers, n° 23, q. de la Sorbonne ; 22 pièces d'étudiants.

ROUEN (de), g. par *Charton*, passage du Commerce, n° 2, q. de l'Ec.-de-Médec. ; 20 num. d'étudians.

ROUEN (de), *voir* ESPRIT et ROUEN, et VOYAGEURS.

ROUHAULT (de), p. rue de Bourbon.

ROULAGE POUR TOUS PAYS (du), *voir* LONDRES.

ROULAGE *idem*, g. par *Larcher-Becquemis*, rues du Ponceau, n° 38 et S.-Denis, n° 350, passage du Gr.-Cerf, q. de la Porte-S.-Denis.

ROULAGE (au), g. par *Gérard*, rue des Fossés-S.-Bernard, n° 24, q. du Jardin-du-Roi ; 6 lits de rouliers.

ROULAGE (au), g. par *Godard*, rue d'Enfer, n° 98, q. de l'Observat. ; ch. de rouliers.

ROUSSEAU (de J.-J.), p. rue de ce nom. Ce célèbre écrivain y demeurait.

ROYAL (palais), rue S.-Honoré, n° 210.

ROYAUMONT (de), p. rue du Jour, n° 41 ; voitures de Soissons, etc.

Russie (de), g. par *Demongeot*, rue Traversière-S.-Honoré, n° 35, q. du Palais-
Royal ; 11 num. de négoc. et propriét.
Russie (de l'ambass. de), p. rue de Provence, n° 28 ; le génér. Pozzo-di-Borgo.

S.

Sabot-d'or (au), g. par *Galien*, quai de
la Tournelle, n° 25, q. du Jard.-du-Roi ;
13 lits de mariniers.
Saintonge (pet. hôt.), g. par *Alliaume*,
rue Saintonge, n° 42, q. du Temple ; 5
lits d'ouvr. et ouvrières.
Saisons (aux 4); nul.
Salé, p.
Salines (de la régie des), p. rue Neuve-
S.-Augustin
Salle (de la), p. rue de Grenelle-S.-Germ.
Salm (de), ou de la Lég.-d'Honneur, p.
rue de Bourbon, n° 70.
Salon (au gr.), g. par *Decout*, rue Co-
quenard, n° 6, q. du Faub.-Montmartre ;
chamb. d'ouvriers.
Sancerre (à la ville de), g. par veuve *Bel-
homme*, rue de la Cossonnerie, n° 29, q.
des Marchés; ch. de m.ds de marée et autr.
Sanlot, p. rue Lepelletier, n° 2.
Saône-et-Loire (de), g. par . . . , rue

des Nonaindières, n° 13, q. de l'Hôtel-de-Ville ; 6 lits de m.ds de vin.

SAPEUR DU-GÉNIE (au), g. par *Thairet*, rue de la Vannerie, n° 17, q. des Arcis : 4 lits d'ouvrières, à la nuit.

SARDAIGNE (de l'ambass. de), p. rue S-Dominiq.-S.-Germ., n° 69, M. le marq. Alfiéri-de-Sostegno.

SARRAZIN (de Pierre), g. par *Fabre*, rue Pierre-Sarrazin, n° 6, q. de l'Ec.-de-Méd. 13 num. d'étudians.

SAUVEUR (des bains S.), r. S.-Denis, n° 277.

SAUVEUR (S.), p. rue du F.-S.-Honoré.

SAUVEUR (S.), g. par *Delage*, rue Pavée, n° 3, q. Montorgueil ; 30 lits d'ouvr., de 6 à 15 fr. par mois.

SAVALETTE, p. rue S.-Honoré.

SAVOISI , *voir* HERBOUVILLE.

SAVONNERIE (manufac. de tapis de la), p. quai de Billy.

SAXE-WEIMAR-EISENACH (du minist. du gr. duc de), p. place S.-Germ.-l'Auxerr. n° 37 ; M. de Freitlinger.

SAXE (de l'ambassad. de), rue Neuve-de-Berry, n° 2, q. des Ch.-Elys. ; M. Emile d'Uchtritz, env. extraord. min. plénipot.

SAXE (de), p. rue d'Artois.

SAXE (de), ci-dev. d'Italie, g. par mad. *Merwitz*, rue Neuve-S.-Eustache, n° 54,

q. Montmartre ; 25 num. d'étrang. nég.
et rentiers, de 15 à 100 fr. par mois.

SAXE (de), g. par *Tavenet*, rue du Colombier ; n° 12 , q. de la Monnaie ; 20 num.
de march. et autres.

SCHOMBERG (de), *voir* ALIGRE.

SCHWARTZEMBERG (du pr. de), *voir* MON-
TESSON , rue de la Ch.-d'Antin , n° 40.

SCIENCES (café des), g. par *Dordelin* , rue
de la Harpe, n°. 94 , q. de l'Ec.-de-Méd. ;
10 num. d'étudians,

SÉBASTIANI , p. rue du Faub.-S.-Honoré ,
n° 55.

SÉGUR (de) ou de la FAYETTE , p. rue des
Saussayes , n° 13.

SEIGNELAY (de), p. rue S.-Dominique.

SEINE (de), g. par *Duhau* , rue de Seine ,
n° 46 , q. de la Monnaie ; 24 chamb. de
march. et autres.

SEINE-ET-MARNE (de), g. par M.lle *Laa* ,
rue des Nonaindières , n° 6 , q. de l'Arsenal ; 20 lits d'offic. et négoc.

SELLE (de), *voir* FRARY et CELLE.

SELLETTE ROUGE (de la), g. par *Julliet* ,
rue S.-Denis, n° 207 , q. Montorgueil ;
40 lits de march. et voyag. à 30 s. par n.
au plus.

SIMONVILLE (de), p. rue de Varennes ,
n° 37.

SÉNAT (pal. du), *voir* LUXEMBOURG.

SÉNONAIS (des), g. par *Turpin*, rue, île et q. S.-Louis, n° 52 ; 20 lits de m.ds de vin. On pourrait dire Sensonais, habitans de Sens.

SENS (de), g. par *Gallois*, commissionn. de roulage, rue du Figuier, n° 1, q. de l'Arsenal ; chamb. de rouliers.

SENS (de), g. par *Maire*, rue Basse-des-Ursins, n° 23, q. de la Cité ; 9 lits d'élèv., négoc. et ouvriers.

SENS (de), p. *voir* GARDES-DU-CORPS de Monsieur.

SENS (de), g. par *Mazeline*, rue S.-Jacq., n° 84, q. de la Sorbonne ; chambres de m.ds de vin.

SCHŒNÉE, p. rue de Richelieu.

SICILES (de l'amb des 2), *voir* NAPLES.

SICILES (des 2), g. par *Lachaise*, rue de Richelieu, n° 31, q. du Pal.-Royal ; 23 num. de nég. et propr., de 10 à 250 fr. par mois.

SIEYÈS (du comte), p. rue de la Madeleine, n° 18.

SIMON, p. rue du Faub.-S.-Honoré.

SIMON (S.), p. rue du Bouloy, n° 22.

SINET (café), g. par *Rouget*, rue du Faub.-S.-Honoré, n°s 52 et 54, q. du Roule ; ch. de courr., étrang., milit. et négôc.

SOCIÉTÉ-COLONIALE-PHILANTHROPIQUE (de la), p. rue S.-André-des-Arts, n° 59.

M. Sévigny, directeur. Cette entreprise particulière est une réunion de Français qui veulent former, sur les côtes de la Sénégambie, au Cap vert, ou dans les environs, des établissemens commerciaux et agricoles.

Société-de-Médecine (bur. de la), rue du Tourniquet-S.-Jean, derrière l'Hôtel-de-Ville. On y donne des consultations gratuites.

Société-du-Cercle-médical (la), rue de l'Oratoire, n° 3, à l'Oratoire. On y donne des consultations gratuites.

Soiecourt, ou du Minist. des Cultes, p. rue.

Soissons (de), ou Halle au bled, rue de Viarmes.

Soleil-d'or (au), g. par *Dupuis*, rue Beaubourg, n° 12, q. S.te-Avoye ; ch. de chapeliers.

Soleil-d'or (au), g. par *Guiard*, avenue de Lowendal, n° 8, q. des Invalides ; 12 num. de milit. et tailleurs à la nuit.

Soleil-d'or (au), g. par *Jaille*, rue S.-Jacques, n° 56, q. de la Sorbonne ; 9 pièc. d'étudians.

Soleil-d'or (au), g. par *Dumoulin*, rue de la Vieille-Bouclerie, n° 5, q. de la Sorbonne ; 6 num. d'étud. et propriét.

Soleil-levant (au), g. par *Lamy*, rue

rue du Faub.-S.-Martin, n° 233, q. du Faub.-S.-Denis; 13 lits de rouliers.

SOLEIL-LEVANT (au), g. par *Switzer*, rue S.-te-Croix-de-la Bretonnerie, n° 49; q. du Marché-S.-Jean; ch. d'artis. et ouvr.

SORBONNE (de), g. par *Courtois*, rue de la Harpe, n° 95, q. de la Sorbonne; 22 pièces d'étudians.

SOUBISE (de), p. rues de Paradis et du Chaume, au Marais, q. du Mont-de-Piété. C'est le dépôt des archives du royaume.

SOUBISE (de) ou de Guise, p. r. de l'Arcade.

SOULT (de), p. rue de l'Université.

SOURDIS (de), *voir* CAMBIS.

SPECTACLES, *v.* Franconi, Illusion, Mont-Tabor, Pierre, Physique et Fantasmag. de Lebreton, Robertson, Vitrification, etc.

STRASBOURG (de), p. V.-rue-du-Temple.

STRASBOURG (de g. par *Levasseur*, rue de Richelieu, n° 50, q. du Pal.-Royal; 28 num. d'étr., nég. et propr., de 15 à 350 f. par mois.

STRASBOURG (de), g. par *Gaudry*, rue N.-S.-Eustache, n° 22, q. Montmartre; 14 ch. de négoc. et propriét.

STRASBOURG (pet. hôt. de), g. par *Morlet*, rue N. D.-des-Vict., n° 6, q. du Mail; 34 lits d'étr., milit. et nég., de 20 à 150 f. par mois,

STRASBOURG (de), g. par *Garnier*, rue

Oblin, n° 4, q. de la Banq.-de-Fr. ; 16 num. d'artis. et ouvr., de 9 à 20 fr. par mois. Il y a estaminet.

STRASBOURG (de), g. par *Moreau*, rue de Grenelle, n° 25, q. de la Banq.-de-Fr. ; 21 num. d'étr. et march., de 20 à 30 fr. par mois.

STRASBOURG (de), g. par *Schants*, rue Jean-Robert, n° 12, q. S.-Mart.-des-Ch. 19 lits d'ouvriers.

STRASBOURG (à la ville de), g. par *Bence*, rue du Faub.-S.-Mart., n° 70, q. de la Porte-S.-Mart. ; 10 lits de rouliers à la n.

SUBLIME-PORTE, *voir* TURQUIE.

SUÈDE-ET-NORWÈGE (de l'amb. de), avenue de Marigny. Ch.-Elysées.

SUÈDE (de), g. par *Rousseau*, rue de Richelieu, n° 79, q. Feydeau ; 35 num. de généraux et négocians.

SUÈDE (de), g. par *Meunier*, rue du Bouloy, n° 3, q. de la Banq.-de-Fr. ; 30 num. d'étrang., march., nég. et offic., de 18 à 50 fr. par mois. Il y a table d'hôte à 50 s. sans le vin.

SUÈDE (de), g. par *Blin*, rue des Fossés-M.-le-Prince, n° 55, q. de l'Ec.-de-Méd. 16 num. d'étud. et rentiers.

SUÈDE (de), g. par *Duchesne*, rue des Cordiers, n° 3, q. de la Sorbonne ; 10 pièces d'étud. et ouvr. *Voir aussi* BRABANT.

Suisse (de l'env. de.), rue de la Chauss.
d'Antin, n° 21. *Voir aussi* Confédérat.

Suisse. M. George de Tschann, chargé
d'aff., rue Royale, n° 11.

Suisse (de), g. par mad. veuve *Duplessis*,
rue N.-des-Bons-Enfans, n° 23, q. du
Pal.-Royal ; 4 appart., 20 lits de propr.
et rentiers, de 12 à 140 fr. par mois.

Suisse (au pet.) ou Désit de la Paix, g.
par *Lacroix*, rue du F.-S.-Ant. n° 90, q.
des Quinze-Vingts ; chamb. d'ouvriers.

Suisse, *voir* Cent-Suisses et Cantons.

Sully (de), p. *voir* Boisgelin.

T.

Tabatière-Picarde (à la), g. par *Sénl
court*, rue de la Tannerie, n° 4, q. de
Arcis ; 6 lits d'ouvriers à la nuit.

Tallard (de), p. rue des Enfans-Rouges

Talleyrand (de), p. rue d'Anjou S.-Hon

Tamise (de la), g. par *Lucian* et *Crepeau*
rue de la Paix, n° 8, q. de la Pl.-Vend.
appart. de génér., ministr. et propriét.

Taranne (de), g. par *Follet*, Grande-rue
Taranne, n° 9, q. de la Monnaie ; 2
chamb. de propriét. et rentiers.

Taverne de Londres (la), tenue pa
M. *Gauthier* fils adoptif, et succ. de fe
Beauvilliers, rue de Richelieu, n° 26, au
Soupers de Momus.

TEMPLE (pal. du) dit du Gr.-Prieur, rue et q. du Temple, n° 80. Résidence de M.lle de Condé. Cette princesse s'y est renfermée le 3 décembre 1816, avec les religieuses dites de l'Adoration perpétuelle, pour y observer la règle de cet ordre dans toute sa rigueur. Ce palais a 260 pas de longueur sur 112 de largeur.

TERRAI, p. *voir* AUMONT.

TESSÉ, p. quai Voltaire, n° 1.

TESSÉ, p. rue de Varennes.

TÊTE-D'OR (à la), g. par *Jonquoy*, rue Guérin-Boisseau, n° 34, q. de la Porte-S.-Denis; 35 lits d'ouvr. et de ménages.

TÊTE-NOIRE (à la), g. par *Lefait*, rue S.-Jacq., n° 84, q. de la Sorb.; ch. d'étud.

TÊTE-NOIRE (à la), g. par *Fayolle*, rue S.-Jacques, n° 217, q. de l'Observatoire; 26 pièces d'ouvriers.

TÊTES-DE-MOUTON (à la renomm. des), g. par veuve *Chibout*, rue de la Vannerie, n° 21, q. des Arcis, 40 lits de gagne-den. à la nuit.

THAMNEY, p. rue de Provence.

THÉATINS (des), quai Voltaire.

THÉATINS (des), p. rue de Bourbon, n° 26.

THÉLUSSON (de), p. rue de Provence, n° 28. Légation-Russe.

THÉVENOT, g. par mad. *Verneuil*, rue Thé-

venot, n° 18, q. Bonne-Nouvelle ; 18 lits
de négoc. et autres.

THIBOUT (des bains), p. rue S.-Antoine,
n° 79.

THIONVILLE (de), g. par *Fournier*, rue
Dauphine, n° 44, q. de la Monnaie ; 22
chamb. de march. et autres.

THOMAS (S.), g. par veuve *Malen*, rue
S.-Thom.-du-Louvre, n° 38, q. des Tuileries ; 20 num. de négoc. et propr. , de 10
à 150 fr. fr. par mois.

THORIGNY (de), *voir* LAMBERT.

TIBRE (du), g. par *Masson*, rue du Helder, n° 8, q. de la Chaussée-d'Antin ;
25 lits d'officiers supér. et propriét.

TINEL, ou filature des Bons-Hommes, à
Chaillot.

TITON, p., rue du Faub.-Poissonnière.

TIVOLI (bains de), g. par M. *Tryaire*,
médecin, rue S.-Lazare, n° 88, q. du
Roule ; 78 ch. d'étr. et propr. malades.

TIVOLI (jard. de), rue S.-Lazare, n° 76,
q. du Roule.

TIVOLI ou BOUTIN (pavillon), p. rue de
Clichy.

TIVOLI (de), g. par *Huet*, *voir* RIVOLI.

TOSCANE (de), g. par M.lle *Cendrier*, rue
de Richelieu, n° 14, q. du Pal.-Royal ;
16 ch. , 20 lits d'étr. et propriét. , de 40
à 500 fr. par mois.

TOSCANE (du chargé d'aff. de), rue du Faub.
S.-Honoré, n° 17 ; M. le ch. de Karcher.

TOULOUSE (de), p. *voir* PENTHIÈVRE.

TOULOUSE (de) ; g. par *Morel*, plombier,
rue Baillif, n° 2 , q. Banque-de-Fr. ; 18
num. de march. , nég. et propr. , de 15 à
55 fr. par mois.

TOULOUSE (de), g. par *Azimont*, rue
Gît-le-Cœur, n° 6 , q. de l'Ec.-de-Méd. ;
20 num de voyageurs et voituriers.

TOULOUSE (de), p. rue du Cherche-Midi,
n° 39 , q. du Luxembourg. Le conseil de
guerre y tient ses Séances.

TOUR (de la), p. rue d'Aguesseau.

TOUR (de la), g. par mad. *Profit*, rue de
la Tour , n° 2 , et des Fossés-du-Temple ,
n° 36 ; q. du Temple ; 19 lits d'actrices,
d'offic. et marchands.

TOURAINE (de), g. par *Huez*, rue Thévenot, n° 19 , q. Montorgueil ; 8 lits de
négoc. et autres.

TOURAINE (de), g. par *Bichard*, rue du
Battoir, n° 8 , q. de l'Ec.-de-Médecine ;
8 num. d'étudians.

TOUR-D'ARGENT (à la), g. par *Chauliac*,
Gaston, *Jaris* et *Lambert*, rue des Prêtres,
n° 10 , q. du Louvre ; 44 lits de m.ds de
salade, porteurs d'eau et autres.

TOUR-D'ARGENT (à la), g. par *Servoin*,

rue de la Poterie, n° 11, q. des Marchés;
6 lits de corroyeurs.

Tour-d'Argent (à la), g. par *Jouanet*,
quai de la Tournelle, n° 17, q. du Jard.-
du-Roi; 24 ch., 35 lits de m.ds de vin et
autres.

Tour-du-Pin (de la), p. V.-rue-du-Temple.

Tours (gr. hôt. de), bâti en 1812, g. par
Allais, rue N.-D.-des-Victoires, n° 32,
q. du Mail; 63 num., 78 lits d'étrang.,
offic., négoc. et propr. Le tout meublé en
acajou.

Tours (pet. hôt. de), g. par *Allais*, rue
Froidmanteau, n° 14, q. S.-Honoré; ch.
de march., propr. et rentiers.

Tours (de), g. par veuve *Mauclere*, rue
des Vieux-August., n° 16, q. du Mail;
16 lits de négoc., de 20 à 50 fr. par mois.

Tours (pet. hôt. de), g. par *Garnot*, rue
des Foss.-Montmart., n° 29, q. du Mail;
12 lits de négoc. et autres, de 8 à 36 fr.
par mois.

Tours (de), p. rue du Paon, q. de l'Ec.-
de-Méd.. Il y a des bains.

Tours (de), g. par *Lacoüa*, rue des Foss.-
S.-Bernard, n° 43, q. du Jardin-du-Roi;
8 lits d'ouvriers.

Traduction de toutes les langues mortes
et vivantes, *voir* Interprétation-gén.

TRADUCTION DE LANGUES (bur. gén. de),
par M. le *Meyer*, traducteur assermenté ,
près toutes les Cours et tous les Tribun. ,
rue N.-des-Bons-Enfans , n°. 37.

TRÉMOUILLE (de la), p. rue S.-Dominiq.,
faub. S.-Germ. , n° 63.

TRÉMOUILLE (de la), p. rue S.te-Avoye.

TRÉMOUILLE (de la), p. rue de Vaugirard.

TRÉSORIERS (des), g. par *Duvillard*, rue
des Maçons , n° 28 , q. de la Sorbonne ;
12 num. d'étudians.

TRÉSOR-ROYAL (du), p. rue Neuve-des-
Petits-Champs , n° 8.

TRIBUNAL-DE-COMMERCE (du) , *voir* COM-
MERCE.

TRINITÉ (de la), g. par *Châtelain*, rue S.-
Antoine , n° 51 , q. du Marché-S.-Jean ;
21 lits de march. et négoc.

TRINITÉ (de la), g. par *Crétin*, rue des
Nonaindières , n° 16 , q. de l'Arsenal ;
22 lits d'offic. et voyageurs.

TRUDAINE , p. rue des Vieill.-Audriettes.

TUILERIES (des), g. par *Morel*, place du
Carrousel , n° 10 , q. des Tuileries ; 10
num. d'étrang. et propriét.

TUILERIES (palais des), bâti en 1564 , pl.
du Carrousel , sous Catherine de Médicis.
C'est la résidence ordin. des Rois de Fr.
La 1.re pierre de la 2.e galerie fut posée le
3 août 1806.

TURCS (des bains), p. r. et q. du Temple, n° 94.

TURQUIE (de l'amb. de), rue de la Planche, faub. S.-Germ., n° 11.

TURENNE (de), p. rue S.-Louis au Marais, et Chauchat, n° 1. C'était la résidence du maréchal de ce nom.

TURGOT (de), *voir* BOISGELIN.

TURGOT (de), p. rue Porte-Foin.

TURIN (de), g. par *Roche*, rue Soly, n° 16, q. du Mail ; 28 lits d'ouvriers et ouvrièr. à la nuit, de 6 à 12 fr. par m.

TURIN (de), g. par *Lurin*, rue des Deux-Portes-S.-Sauveur, n° 4, q. Montorgueil ; 20 lits de march. et rouliers, de 5 à 15 fr. par mois.

TURIN (de), g. par *Koch*, rue S.-Antoine, n° 54, q. de l'Hôtel-de-Ville ; 12 lits d'étudians, militaires et m.ds de vins.

U.

UNION (de l'), g. par *Retif*, rue S.-Germ.-l'Auxerrois, n° 84, q. du Louvre ; 18 lits march. et voyag.

UNION (de l'), g. par *Mandin*, rue Quincampoix, n° 53, q. des Lombards ; 12 lits de marchands.

UNION (café de l'), g. par Desjardins, rue S.-Denis, n° 35, q. des Marchés ; ch. de marchands.

UNION (de l'), g. par *Leclerc*, rue Geof-
froy-Langevin, n° 21, q. S.te-Avoye;
chamb. d'ouvriers.

UNION (de l'), g. par *Roger*, rue du Vieux-
Colombier, n° 30, q. du Luxembourg;
17 num. de journaliers.

UNION (de l'), g. par *Gateau*, rue de la
Parcheminerie, n° 5, q. de la Sorbonne,
14 pièces d'étudians.

UNION (de l'), g. par *Nouel*, rue des Foss.-
S.-Victor, n°s 11 et 24, q. du Jardin-du-
Roi; 11 num. d'étud. et officiers.

UNION-DES-ARTS (à l'), rue Vivienne,
n° 18. On trouve dans cet établissement,
tenu par M. *Vacher*, une très-belle collection de bronzes, marbres, meubles,
objets de curiosité, etc.

UNIVERS (de l') ci-dev. de Londres, g. par
Félion, rue Duphot, n° 4, q. de la Pl.-
Vendôme; 14 num. 20 lits de propriét.

UNIVERS (de l'), g. par *Lambert*, rue de
Richelieu, n° 21; q. du Palais-Royal;
chamb. de propriét.

UNIVERS (de l'), g. par *Gillier*, rue S.-
Marc, n° 6, q. Feydeau; 30 num. de
génér., négoc. et propriét.

UNIVERS (de l'), g. par mad. *Humbert*, rue
Croix-des-Petits-Champs, n°. 12, q. de la
Banq.-de-Fr.; 55 num. de propriét., nég.
et voyag., de 20 à 45 fr. par mois.

UNIVERS (de l'), g. par *Dehesghues*, rue Percée, n° 4, q. de l'Ec.-de-Médecine ; 16 num. d'étudians.

UNIVERSIITÉ (de l'), g. par M.lle *Coulier*, r. et q. Sorbonne, n° 7 ; 14 pièc. d'étud.

UNIVERSITÉ DE FRANCE (de l'), p. rue de Bourbon, n° 54.

URANOGRAPHIQUE (muséum), tenu par M. Ch. *Rouy*, rue de Chabanais, n° 3.

URSINS (des).

UZÈS (d'), p. rue Montmartre, n° 176.

V.

VALADE (mais.), p. rue de Castiglione, n° 6 q. des Tuileries.

VALBELLE (de), p. rue du Bac.

VALENCE (du comte de), p. rue d'Anjou, n° 24.

VALENCE (de), g. par *Berthier*, rue de Bourbon, n° 10, q. Faub.-S.-Germ. ; 9 num. d'étudians.

VALENTINOIS (de) ci-dev. de Gamache, p. rue S.-Lazare, n° 56.

VALENTINOIS (de), p. rue de Bourbon.

VALENTINOIS (de), p. rue de Varennes.

VALLIÈRE ou de l'Infantado (de la), p. rue du Bac.

VALMY (du comte de), p. rue S.-Domin., faub. S.-Germ. n° 54.

VALOIS (de), g. par *Marcel*, rue de Richelieu, n° 17, q. du Pal.-Royal; 26 appart., 15 chamb., 67 lits d'étrang., négoc. et propriét., de 30 à 150 fr. par mois Il y en a à 15 fr. par jour.

VALOIS (de), g. par *Barthélemi*, rue S.-André-des-Arts, n° 38, q. de l'Ec.-de-Médec.; 25 num. d'étudians.

VANTADOUR, *voir* COMMERCE et CHABANAIS.

VASSAL, p. rue Pigale.

VAUBAN (de), g. par M.lle *Chartier* dite *Gauché*, rue S.-Honoré, n° 366, q. de la Pl.-Vendôme; 12 lits de généraux et propr., de 20 à 200 fr. par mois.

VAUBAN (pet. hôt. de), g. par *Mongin*, rue S.-Honoré, n° 360, q. de la Place-Vendôme; 7 lits de propr. et rentiers, de 6 à 12 fr. par mois.

VAU-CORBEIL (de), g. par *Nicolas*, rue et q.-Montmartre, n° 88; 20 pièces, 34 lits de march. et ouvr., de 6 à 30 fr. par mois.

VAUDEMONT (de la princesse de), p. rue S.-Lazare, n° 60.

VAUDEVILLE (du), g. par *Berlaud*, rue Beaujolais, n° 4, q. des Tuileries; 14 num. d'empl. et négoc., de 10 à 30 fr. par mois. Il y a table d'hôte à.

VAUDREUIL (de) ci-dev. Bacciochi, rue de la Chaise, faub. S.-Germain.

VAUPALIÈRE (de la), p. rue d'Anjou, faub. S.-Honoré.

VAUVRAY (de), p. au Jard.-du-Roi, près l'amphithéâtre.

VAVIN, p. rue Neuve-N.-D.-des-Champs.

VEAU-QUI-TETTE (au); g. par *Huguet*, rue Rochechouart, n° 27, q. Faub.-Montm.; chambres de chiffonn. et ouvriers.

VENDÔME (de), g. par *Barbé*, rue Neuve-des-Petits-Champs, n° 76, q. Pl.-Vendôme; 12 num., 27 lits de nég. et propr. de 36 à 100 fr. par mois.

VENDÔME (de), g. par *Branlard*, rue de Moussy, n° 8, q. du marché-S.-Jean; 24 lits d'ouvriers.

VENDÔME (de), dit de Chaulnes, p. rue d'Enfer S.-Michel, n° 32, q. de l'Observ.

VENISE (de), *voir* PIÉMONT.

VENISE (de), g. par *Guichard*, rue des Vieux-Augustins, n° 21, q. du Mail; 26 lits de négoc. et autres.

VENISE (de), g. par *Cartier*, rue du Cloître-S.-Benoît, n° 5, q. Sorb., 9 pièc. d'étud.

VENTADOUR, *voir* CHABANAIS et COMMERCE.

VENTE et achat d'objets rares et précieux en tous genres (mais. de), rue Vivienne, n° 15.

Ventriloquie (s. de), séance de M. Comte, rue de Grenelle-S.-Hon., n° 55. Il y a fantasmagorie, physique et les indiens, hôt. des Fermes.

Vérité (de la), g. par *Leroux*, rue des Amandiers, n° 13, q. S.-Jacques; 14 pièc. d'étudians.

Verneuil (de), g. par *Désessart*, rue de Verneuil, n° 25, et de Beaune, n° 27, q. Faub.-S.-Germ.; 16 num. d'ouvr.

Versailles ou du gr. Versailles (de), g. par *Hudran*, rue de Valois, n° 8, q. des Tuileries; 30 num. d'offic., nég. et propr. de 18 à 80 fr. par mois.

Versailles (de), g. par *Housseau*, petite rue Verte, n° 5, q. du Roule; 17 chamb. de domestiq et autres.

Vibray (de), p. Vieille-rue-du-Temple.

Vic (de), p. rue S.-Martin.

Victoires (des), g. par *Hue*, rue des Foss.-Montmartre, n° 9, q. du Mail; 36 lits d'offic., négoc. et propr., de 18 à 300 fr. par mois.

Victor, g. par *Drouet* dit Victor, rue Caumartin, n° 14, q. de la Pl.-Vend.; 4 lits d'ambass. et fonctionn. publ., de 60 150 fr. par mois.

Victor duc de Bellune (du maréch.), p. rue de la Chaussée-d'Antin, n° 19.

Vieillards (mais. ou hosp. des), p. rue

du Faub.-S.-Martin , n° 166 ; établie en
.1637.

VIENNE (de), g. par M.lle *Proust*, r. Louis-
le-Grand . n° 5 , q. de la Pl.-Vendôme :
12 lits de négoc. de 30 à 200 fr. par m.

VIENNE (pet. hôt. de), g. par veuve *Bréal*,
rue de Tracy , n° 12 , q. de la Porte-S.-
Denis ; 5 lits d'ouvriers.

VIERGE (de la), *voir* CLERMONT.

VIERGE (mais. de la), g. par *Monchanain*,
rue S.te-Hyacinte , n° 33 , q. de la Sorb.;
4 pièces d'étudians.

VIERGE (à la), g. par *Regnault*, quai des
Ormes , n° 74 , q. de l'Hôtel-de-Ville ,
20 lits de m.ds de vins et mariniers.

VIERGE (mais. de la), g. par veuve *Dol-
beau*, rue S.-Victor , n° 43 , q. du Jard.-
du-Roi ; chamb. de mariniers et autres.

VIERGE (image de la) , g. par *Delarue*,
rue du Grand-Hurleur , n° 23 ; 6 lits de
m.ds de peaux de lapins.

VIEUVILLE (de la), p. rue S.-Paul.

VIGIER (bains), Pont-Royal , Pont-Neuf
et Pont-Marie. Son hôtel , quai Voltaire ,
n° 21.

VILLARS (de), *voir* INTÉRIEUR.

VILLE (hôt. de), *voir* PRÉFECTURE.

VILLEDEUIL (de), p. place Royal, au Mar.

VILLEDOT (de), g. par *Laglace*, rue Villedot , n° 7 , q. du Pal.-Royal ; 33 num.

d'offic., négoc. et propr., de 20 à 40 fr.
par mois.

VILLEROY (de), p. rue de l'Université.

VILLES-ANSÉATIQUES (du chargé d'aff. des),
rue S.-Dominiq., faub. S.-Germ., n° 78.

VILLETTE (de), p. rue de Beaune. Voltaire
y mourut.

VINCENNES (du bois de), g. par *Fournier*,
rue d'Enfer, n° 22, q. de la Sorbonne;
8 num. d'étud. et march.

VINDEY (de), p. rue Grange-Batelière.

VINS *voir* ABONDANCE.

VIRE (de), g. par *Hubert*, rue d'Orléans,
n° 10, q. de la Banque-de-Fr.; 20 num.
de propr. de 14 à 40 fr. par mois.

VIRGINIE (de), g. par *Rouget*, rue Saint-
Honoré, n° 350, q. du Palais-Royal;
31 lits de banq. et propr. de 20 à 250
fr. par mois.

VITRIFICATION (spectacle sur l'art de la),
boulevard des Capucines, n° 21, tous
les jours à 7 heures et demie. Prix 1,
2, 3, 4 et 5 fr. Il est impossible
de pousser cet art plus loin que ne le fait
M. Demmenie et de mieux imiter la
nature.

VIVARAIS (du), g. par *Aisne*, rue du
Bouloy, n° 15, q. de la Banq. de Fr.;
22 num. de propriétaires et rentiers de
10 à 40 fr. par mois.

VIVIENNE (de), g. par *Pierret*, rue Vivienne, n° 14, q. du Mail; 23 lits de négocians et propriétaires.

VOLTAIRE, *voir* VILLETTE.

VOLTAIRE (du grand), g. par *Dufaux*, rue des Fossés S.-Germain-l'Auxerrois, n° 33, q. du Louvre; chambres de tailleurs.

VOYAGEURS (des), g. par *Degand*, rue Jocquelet, n° 6, q. du Mail; 10 lits de milit. et nég. de 10 à 30 fr. par m.

VOYAGEURS (café des), g. par *Cacheleux*, rue du Bouloy, n° 24, q. de la Banque de France; 3 num. de milit. et voyag.

VOYAGEURS (rendez-vous des), g. par *Krucker*, rue du faub. S.-Denis, n° 50, q. du faub. S.-Denis; 17 lits de propr. et voyageurs.

VOYAGEURS (café des), ou hôtel de l'Étoile de Rouen, g. par *Aubertin*, rue de la Mortellerie, n° 96, q. de l'Hôt.-de-Ville; 40 lits de boulangers, ouvriers, ouvrières et paveurs.

VOYAGEURS (maison des), g. par *Becker*, rue de la Verrerie, n° 32 et 34, q. du Marché S.-Jean; 16 lits d'ouvriers.

VOYAGEURS (rendez-vous des), g. par *Chenaut*, rue S.-Victor, n° 40, q. du Jardin du Roi; chambres d'ouvriers.

VRILLIÈRE (de la), p. rue S.-Florentin,

W.

WAGRAM (de), g. par *Lapalotte*, rue de la Paix, n° 9, q. de la place Vendôme ; 18 lits d'étrangers, officiers, négocians et propriét. de 100 à 300 fr. par mois.

WAILLY (de), p. rue de la Pépinière.

WARVICK (de), g. par veuve *Maillet*, rue du Petit Reposoir, n° 7, q. du Mail ; 20 lits de négocians et propriétaires de 20 à 180 fr. par mois.

WASHINGTON, p. rue de la Bibliothèque, n° 13, et du Chantre, n° 18.

WAUXHALL (du), p. boulev. S.-Martin, rue Samson, il y a des bains, bals et fêtes publiques.

WELLINGTON (du Duc de), p. rue et q. des Champs-Élysées.

WINTZEL (de), p. rue Charlot, n° 18.

WILNA (de), g. par *Delaunay*, rue Traînée, n° 13, q. de S.-Eustache ; 17 pièces de négocians et rentiers.

WURTEMBERG (de l'ambassadeur de), rue de Grammont, n° 23, ci-devant rue de la Chaussée-d'Antin, n° 32.

WURTEMBERG (de) ci-dev. des Étrangers, g. par *Heintzman*, rue des Vieux-August., n° 44, q. du Mail ; 12 lits d'officiers, négocians et rentiers de 10 à 80 fr. par mois.

X.

XAINTONGE, *voi* SAINTONGE.
XAVIER (de), p. rue du faub. S.-Honoré.

Y.

YONNE (de l'), g. par veuve *Guilmin*, rue S.-Honoré, n° 268, q. du Palais-Royal; 10 pièces de propriétaires et rentiers, de 12 à 50 fr. par mois.
YONNE (département de l'), g. par *Briquet*, rue Galande, n° 49, q. S.-Jacques; 8 pièces de journaliers et remouleurs.
YORCK (d'), g. par *Pujol fils*, boulevard Montmartre, n° 12, q. de la Ch.-d'Ant.; appartemens et chambres d'étrang., offic. et propriétaires.

Z.

ZÉPHIR (salle du), p. rue S.-Denis, n° 195. Il y a aussi une salle d'armes.

TOTAL. 500 Hôtels Particuliers.
et 1100 Hôtels Garnis,
plus 1200 Logeurs sans enseignes ou désignat. d'Hôt.

TOTAL GÉN. 2800

MM. les Hôtelliers et Maîtres d'Hôtels garnis ont sollicité vers la fin de 1816, auprès de la Chambre des Députés leur réunion en communauté ou jurande, pour faire disparaître les tolérances, aux offres, pour leur garantie auprès du Gouvernement, de fournir un cautionnement de deux millions.

Mais à l'égard des tolérés dont le nombre diminue très sensiblement, l'éditeur se propose d'en faire le sujet d'un rapport particulier à Son Excellence, et d'y comprendre les chambrées et logemens clandestins.

Si MM. les Maîtres d'Hôtels garnis ont quelques observations à faire, elles seront reçues avec empressement par l'Editeur qui se charge en outre de faire connaître aux amateurs les fonds d'Hôtels garnis qui seront à vendre à l'avenir.

Mad. GOBLET, *quai aux Fleurs*, n° 13, se charge de completter les ouvrages dépareillés et de la correction des épreuves.

EXTRAIT

DE L'ORDONNANCE DE POLICE,

Concernant les Maîtres d'Hôtels Garnis et Logeurs de profession,

Du 8 Novembre 1815.

ART. I.er Les personnes qui veulent exercer l'État d'Aubergiste , de Maître d'Hôtel garni ou de Logeur, sont tenues d'en faire *préalablement* la déclaration à la Préfecture de Police, et d'avoir un registre en papier timbré pour l'inscription des Voyageurs français ou étrangers.

Ce registre doit être cote et paraphé par le Commissaire de Police du quartier. (*Ordonnance du 8 novembre 1780, art. 5, et Loi du 22 juillet 1791, art. 5.*)

Ils doivent, en outre, placer au-dessus de la porte de leur Maison, en lieu apparent, et en gros caractères, un tableau indicatif de l'état qu'ils exercent.

II. Il est enjoint aux Aubergistres, Maîtres d'Hôtels garnis et Logeurs d'inscrire , *jour* par jour, de suite, sans aucun blanc ni interligne, les noms, prénoms, âges, qualités, domicile habituel et profession de tous ceux qui couchent chez eux, même une seule nuit.

Le registre doit indiquer la date de leur entrée et de leur sortie. (*Ordonnance du 8 novembre 1780, art. 5, et Loi du 22 juillet 1791, art. 5.*)

III. Les Aubergistes, Maîtres d'Hôtels garnis et Logeurs représenteront leur registre, à toute réquisition, soit aux Commissaires de Police qui le viseront, soit aux Officiers de Paix ou aux Préposés de la Préfecture de Police qui pourront aussi le viser. (*Ordonnance du 8 novembre 1780, et Loi du 22 juillet 1791, mêmes articles.*)

IV. Faute par eux de se conformer aux dispositions ci-dessus prescrites, ils encourront les peines prononcées par les lois. (*Amende depuis six francs jusqu'à dix inclusivement; art. 475 du Code Pénal, 2.e paragraphe; et emprisonnement pendant cinq jours, en cas de récidive, art. 478 du même Code.*)

Ils seront, en outre, civilement responsables des restitutions, des indemnités et des frais adjugés à ceux à qui un crime ou un délit commis par des personnes logées sans inscription, aurait causé quelque dommage, sans préjudice de leur responsabilité dans le cas des articles 1952 et 1953 du Code Civil. (*Art. 73 du Code Pénal.*)

V. Les Aubergistes, Maîtres d'Hôtels garnis et Logeurs porteront *chaque jour*, au Commissaire de Police du quartier, le relevé, par eux certifié, de leurs registres.

VI. Ils porteront également, *tous les jours avant midi*, au Commissaire de Police, les passeports des voyageurs français qui seront arrivés dans leurs Auberges, Hôtels ou Maisons garnis.

En échange de chaque passeport, le Commissaire de Police leur remettra un bulletin avec lequel les voyageurs se présenteront, dans les trois jours de leur arrivée, à la Préfecture de Police, pour y retirer leurs passeports et obtenir un *visa* ou un permis de séjour.

VII. Les passeports seront laissés à la disposition des voyageurs étrangers à la France, afin que, dans les trois jours de leur arrivée, ils puissent se faire reconnaître par l'Ambassadeur, Ministre, Envoyé ou chargé d'affaires de leur Gouvernement, et obtenir à la Préfecture de Police un *visa* ou un permis de séjour.

Le *visa* ou permis de séjour ne sera accordé aux sujets des Puissances représentées auprès de Sa Majesté, que d'après la ré-

connaissance de leurs Ambassadeurs, Ministres, Envoyés ou chargés d'affaires respectifs ;

Et aux sujets des Puissances non représentées, que sur une attestation de banquiers
ou de deux citoyens notoirement connus.

VIII. Les personnes qui, antérieurement
à leur arrivée dans une maison garnie,
auraient obtenu des permis de séjour,
seront tenues de les remettre, dans les vingt-
quatre heures, au maître de la maison
garnie dans laquelle ils viendront loger.

Ce dernier sera tenu de les représenter,
dans le même délai, au Commissaire de
Police de son quartier.

TABLEAU

Des Commissaires de Police de le ville de Paris, avec indication des Arrondissemens, Quartiers et Demeures.

I.er ARRONDISSEMENT.

TUILERIES, *Royou*, rue de Chartres, n° 12.

CHAMPS-ÉLYSÉES, *Monestier*, rue d'Aguesseau, n° 12.

ROULE, *Bruzelin*, rue d'Anjou, n° 26.

PLACE VENDÔME, *Alletz*, rue Thiroux, n° 12.

II.e ARRONDISSEMENT.

PALAIS-ROYAL, *Chevereau*, rue d'Argenteuil, n° 11.

FEYDEAU, *Ferté*, rue Feydeau, n° 28.

CHAUSSÉE-D'ANTIN, *Chardon*, rue des Martyrs, n° 35.

FAUBOURG MONTMARTRE, *Malleval*, rue Bellefond, n° 33.

III.e ARRONDISSEMENT.

MAIL ; *Garnier*, rue Montmartre, n° 79.

FAUBOURG POISSONNIÈRE ; *Gaultier*, rue de Paradis, n° 28.

MONTMARTRE ; *Boucher*, rue Neuve Saint-Eustache, n° 7.

S.-EUSTACHE ; *Deschamps*, rue Coquillière, n° 22.

IV.e ARRONDISSEMENT.

BANQUE DE FRANCE ; *Basset*, rue de Grenelle, n° 31.

LOUVRE ; *Jeulin*, rue des Fossés-Saint-Germain-l'Auxerrois ; n° 31.

S.-HONORÉ ; *François*, rue S.-Honoré, n° 83.

MARCHÉS, *Masson* ; place des Innocens, Halle aux Draps, n° 17.

V.e ARRONDISSEMENT.

MONTORGUEIL, *Desales* ; rue Thévenot, n° 13.

BONNE-NOUVELLE, *Denayer* ; rue Saint-Claude, n° 6.

FAUBOURG S.-DENIS, *Marcandier*, rue du Faubourg S.-Martin, n° 157.

PORTE S.-MARTIN, *Clausson*, rue Grange-aux-Belles, n° 6.

VIe ARRONDISSEMENT.

TEMPLE, *Simon*, rue de Malthe, n° 13.
PORTE S.-DENIS, *Lemonnier*, rue Sainte-Appoline, n° 7.
SAINT-MARTIN-DES-CHAMPS, *Lucotte de Champemont*, rue Chapon, n° 14.
LOMBARDS, *Maigret*, rue des Écrivains, n° 25.

VIIe ARRONDISSEMENT.

ARCIS, *Chauvin*, rue de la Verrerie, n° 59.
SAINTE-AVOYE, *Palluys*, rue du Cimetière-S.-Nicolas, n° 9.
MONT-DE-PIÉTÉ, *Chasseriaux*, rue de l'Homme-Armé, n° 3.
MARCHÉ S.-JEAN, *Bastien de Beaupré*, vieille rue du Temple, n° 44.

VIIIe ARRONDISSEMENT.

MARAIS, *De Prud'homme*, place Royale, n° 3.
POPINCOURT, *Hinaux*, rue S.-Sébastien, n° 42.
FAUBOURG S.-ANTOINE, *Monnier*, place de la Porte S.-Antoine, cour Damois, n° 5.
QUINZE-VINGTS, *Boucheron*, rue de Charenton, n° 78.

IX.e ARRONDISSEMENT.

ARSENAL, *Poisson*, rue des Prêtres Saint-Paul, n° 21.

HÔTEL-DE-VILLE, *Petit*, rue des Barres, n° 12.

ISLE S.-LOUIS, *D'Ossonville*, quai d'Anjou, n° 29.

CITÉ, *Fleuriais*, rue de la Calandre, n° 19.

X.e ARRONDISSEMENT.

MONNOIE, *Coutans*, rue Guénégaud, n° 31.

FAUBOURG S.-GERMAIN, *Sobry*, rue du Bac, passage Sainte-Marie, n° 58.

S.-THOMAS-D'AQUIN, *Genaudet*, rue des Vieilles-Tuileries, n° 34.

INVALIDES, *Lesage*, rue de la Boucherie des Invalides, n° 29.

XI.e ARRONDISSEMENT.

LUXEMBOURG, *Rousset*, rue et cul-de-sac Férou, n°s 20 et 8.

ÉCOLE DE MÉDECINE, *Monyer*, rue Christine, n° 2.

SORBONNE, *Fresne*, rue de la Harpe, n° 81.

PALAIS DE JUSTICE, *Charvillhac*, rue Sainte-Anne, n° 2.

XII.ᵉ ARRONDISSEMENT.

S.-JACQUES, *Dussieux*, rue de Bièvre, n° 23.

OBSERVATOIRE, *Pierre*, rue de la Vieille Estrapade, n° 25.

JARDIN DU ROI, *Guibert*, rue S.-Victor, n° 64.

S.-MARCEL, *Roger*, rue du Marché aux Chevaux, n° 16.

———

Bureaux de Poste de Paris, où l'on peut affranchir les Lettres; établissement de 1761.

Rue Plâtrière ou J. J. Rousseau, n° 9, Administration générale.

Rue du Mont-Tabor, n° 17.

Rue des Mauvaises-Paroles, n° 12.

Rue Beauregard, n° 11.

Rue des Ballets S.-Antoine, n° 1.

Rue du Grand-Chantier, n° 7.

Rue de Verneuil, n° 20.

Rue de Condé, n° 24.

Rue des Fossés S.-Victor, n° 35.

Il y a 200 Boëtes pour Paris.

———

Poste aux Chevaux.

Rue S.-Germain-des-Prés, n° 10.

Théâtres, Spectacles, Amusemens et Curiosités de Paris.

ACADÉMIE ROYALE DE MUSIQUE, rue de Richelieu, n° 75; pour le chant et la danse, les mardis, vendredis et dimanches. L'Opéra fut inventé par Perrin-Cambert et le marquis de Sourdac, en 1669.

FRANÇAIS (les), rue de Richelieu, n° 65 pour la comédie et la tragédie; date de Molière, né en 1620, mort en 1673.

OPÉRA-COMIQUE (l'), rue Feydeau, n° 19; pour les comédies ou drames mêlés de couplets, d'ariettes et de morceaux d'ensemble. En 1762, l'Opéra-Comique était réuni à la Comédie Italienne.

LOUVOIS (de), rue de Louvois, n° 6; sans exercice, c'est le magas. de l'Opéra.

ITALIENS (les) ou salle Favart, pl. des Italiens, n° 2; pour les comédies et pièces Italiennes et l'Opéra-Buffa, ouverts depuis le 15 mars 1815, sous la direction de Mad. Catalani. L'administration est rue Favart, n° 3.

ODÉON (l'), place de l'Odéon, faubourg S.-Germain; pour la comédie sous la direction de M. Picard. La salle fut brûlée le 28 ventose an 7, et rétablie en 1807.

VAUDEVILLE (le), établi en 1792, rue de Chartres et S.-Thomas-du-Louvre; pour les petites pièces mêlées de couplets sur des airs connus, et des parodies.

134

Variétés (les) ci-devant Montansier, établies en 1777, au Palais-Royal et depuis boulevard Montmartre, n° 7; pièces dans le genre grivois, poissard ou villageois, avec couplets sur des airs connus.

Gaîté (la) établie en 1760, boulevard du Temple, n° 70; pour les pantomimes de tous genres, arlequinades et autres farces dans le goût de celles de Nicolet.

Ambigu-Comique (l') établi en 1772, boulev. du Temple, pour les mélodrames.

Porte S.-Martin (de la), établi en 1700 boulevard S.-Martin, près la porte de ce nom, pour les drames, mélodrames, petit. comédies, pantomimes et vaudevilles.

Cirque Olympique de MM. Franconi, fils, directeurs privilégiés (salle du), rue du faub. et q. du Temple, n° 16. Elle est ouverte depuis le 6 fév. 1817, et construite de manière à réunir toute l'élégance et la commodité désirables. Il y a de grands exercices d'équitation, de danse et de voltige sur les chev. et sur le cerf Coco, des pantomimes, feux d'artifice, etc. Prix de 12 s. à 4 fr.; ce spect. unique en son genre, fixe l'attention des étrangers. Il y a aussi tous les jours exercice d'équitation pour les deux sexes.

Autres Spectacles par ordre alphabétique.

Bouffons, danseurs, sauteurs et voltigeurs (les), boulevard du Temple, n° 78.

CARROUSEL (le noble jeu du), au coin
des rues de Castiglione et S.-Honoré.

CIRQUE DES MUSES (le), rue S.-Honoré,
n° 91, pour les bals.

COMBAT-DU-TAUREAU et autres animaux,
rue de l'Hôpital S.-Louis, barrière du
Combat, *extrá-muros* ; exercice les dim.
à 4 heures. Prix de 10 à 24 sous ;
M. Monroy, propriétaire et directeur.

COMTE (spectacle de M.), hôt. des Fermes,
rue de Grenelle S.-Hon., n° 55 ; t. l. j. à 7
h. du soir. Physiq., ventriloq., indiens et
fantasmagorie. Prix de 30 s. à 3 fr.

CONSERVATOIRE DE MUSIQUE et Ec. Royale
de Déclam., r. du faub. Poissonn., n° 11.

COSMORAMA (le), Palais-Royal, galerie
Vitrée, n° 231 ; de 5 à 11 heures du
soir. Prix 30 sous.

CURTIUS (cabinet de), boul. du Temple,
n° 44 ; On y voit tous les jours et à toute
heure une superbe collection de figures
et de grands personnages. Prix 3 s.

DEMMENIE, fils (spectacle de M.), rue
Neuve-des-Petits-Champs, n° 15 ; auto-
mates, pièces mécaniq., physiq. amusante,
fantasmagorie d'un nouveau genre, danse
des morts, jardin de Flore, métamor-
phose, etc., tous les jours à 7 heures
du soir. Prix de 1 à 4 fr.

DOYEN (théâtre de M.), rue Transnonain.

ERMITAGE D'HIVER (l'), rue de Provence, pour les bals.

ILLUSIONS (cabinet d'), près le Palais-Royal, cour des Fontaines, n° 2 ; tous les jours à 7 et 9 heures du soir. Les études du Chien Savant, (Munito) et les abeilles. Prix 1 et 2 fr.

MARIONNETTES NAPOLITAINES (spect. des), près le Palais-Royal, cour des Fontaines, n° 1, au salon de Momus, tous les jours. Prix 12 et 20 s. et moitié pour les enfans.

MARITIME (spectacle), boul. du Temple, n° 58. Prix

MONTAGNES RUSSES (les), extra-muros, par les barr. de Neuilly et du Roule, plaine des Sablons ; pour avoir l'autorisation d'en établir en province, on peut s'adresser à MM. Julien, Guérin et Laurent, propriét. privilégiés, par ordonnance du 18 février 1816 et 15 janvier 1817, barrière du Roule, n° 48.

MONTANSIER (café de la) ou de la Paix, au Palais-Royal, en face du café Français.

MONT-TABOR (salle du), rues S.-Honoré, n° 355 et du Mont-Tabor, n° 6, sans exercice depuis février 1817.

OMBRES-CHINOISES de Séraphim (les), au Palais-Royal, n° 121 et autres, boul. du Temple, n° 80.

PANORAMAS D'AMSTERDAM, DE ROME

ET DE NAPLES (les), boul. Montmartre, n° 7, passage des Panoramas, tous les jours ; prix 2 fr. chaque. Ce tableau réunit tous les suffrages, tant par la variété que par la perfection de l'exécution.

PIERRE (spectacle maritime, pittoresque et mécanique des Elèves de feu M.), près le Pal.-Royal, rue et passage Montesquieu, n° 1, première galerie, tous les jours. Prix de 1 à 3 fr. Ce spect. offre tout ce que l'art mécanique a imaginé de plus parfait et de plus intéressant ; on y voit 8 pièces en mouvement, telles que Perspectives, le ver du soleil, tempête sur mer, etc. Ouvert vers le 1.er avril 1817.

POMPÉI (galerie de), rue Neuve-des-Petits-Champs, n° 36, bals parés.

PRADO (le), à l'ancien théâtre de la Cité, quai aux Fleurs, n° 19, rue de la Barillerie, n°s 5 et 7, et place du Palais, rue de la Vieille-Draperie, n° 30, pour les bals.

PSYCHÉ (jardin de), boulev. des Invalides, n° 29, et rue Plumet, n° 27. Prix d'entrée 10 sous. Les jours de fêtes, il y a café, billard, danses, jeux de société, feu d'artifice et un bon restaurant tenu par M. Guillaume.

ROBERTSON (spectacle amusant et instructif de M.), boulevard Montmartre, n° 12, hôt. d'Yorck, tous les jours à 7 heures du soir, expériences nouvelles, illusions, apparitions, fantasmagorie, physique, imitation et théâtre mécanique. Prix de 30 sous à 4 fr. Il est difficile de porter plus loin l'effet de l'optique.

SAQUI (spect. de M.), ci-dev. café d'Apollon, boulev. du Temple, n° 62, tous les jours à 7 h., exercice de Mad. Saqui et d'agilité sur 4 cordes parallèles acrobates. Prix 6 à 20 sous.

TIVOLI (jard. de), rue S.-Lazare, n°s 76 et 86, fêtes publiques.

TIVOLI (nouv.), rue de Clichy, n° 34.

VAUXHALL D'ÉTÉ (le), boulev. S.-Martin, rue Samson, pour les bals.

VITRIFICATION (spect. sur l'art de la), par M. Demmenie, père, rue de la Paix, n° 11, t. l. j. à 7 h. Prix de 1 à 5 fr. Il est impossible de pousser cet art plus loin que ne l'a fait ce fameux artiste, et de mieux imiter la nature; on y voit aussi des tours d'adresse et l'exercice des serins qui obéissent au commandement. Mad. Demmenie va les faire travailler dans les sociétés.

ZÉPHYR (salle du), rue S.-Denis, n° 195, pour les bals.

Nota. L'Agence générale des Théâtres, est rue Rameau. Le Bureau de Correspond. Théâtrale, rue de l'Odéon, n° 38, et le Bureau des Artistes rue s Poulies, n° 3.

www.ingramcontent.com/pod-product-compliance
Lightning Source LLC
Chambersburg PA
CBHW072232270326
41930CB00010B/2097